CALWER BIBELATLAS

Calwer Bibelatlas

Erarbeitet von Wolfgang Zwickel

Calwer Verlag Stuttgart

Die Herausgabe des Werkes wurde gefördert von der Calwer Verlag-Stiftung und der Adolf Schlatter-Stiftung.

Die Deutsche Bibliothek – CIP-Einheitsaufnahme

Die Deutsche Bibliothek verzeichnet diese Publikation in der deutschen Nationalbibliografie; detaillierte bibliografische Daten sind im Internet über *http://dnb.ddb.de* abrufbar.

ISBN 978-3-7668-3702-8 (broschierte Ausgabe)

3. Auflage 2011

Kartographie: Klett-Perthes, Gotha
Satz: MedienTeam Berger, Ellwangen
Umschlaggestaltung: Karin Sauerbier, Stuttgart
Layout und Herstellung: Kurt Thönnes, die Werkstatt, CH-Liebefeld-Bern
Druck und buchbinderische Verarbeitung: Kösel, Krugzell

Inhalt

Einführung 6

Grundlagen der historisch-topographischen Forschung 8

Karte 1	Geographische Gegebenheiten	10
Karte 2	Palästina im 2. Jahrtausend v. Chr.	12
Karte 3	Der Exodus	14
Karte 4	Das Stämmesystem in Israel nach Josua 13–21	16
Karte 5	Die Richter- und frühe Königszeit	18
Karte 6	Israel und Juda von der Reichsteilung bis zum Untergang Israels	20
Karte 7	Palästina bis zum Untergang Judas	22
Karte 8	Das assyrische Reich	24
Karte 9	Das babylonische Reich	26
Karte 10	Das persische Reich	28
Karte 11a	Die persische Provinz Juda	30
Karte 11b	Die Völkertafel 1. Mose 10	30
Karte 12	Palästina in der Seleukiden- und Makkabäerzeit	32
Karte 13	Palästina unter Herodes dem Großen	34
Karte 14	Palästina zur Zeit Jesu	36
Karte 15	Reisen des Paulus und Orte der frühen Christenheit	38
Karte 16	Jerusalem in alt- und neutestamentlicher Zeit	40
Anhang 1	Archäologische Grabungen in Palästina	42
Anhang 2	Palästina im Quer- und Längsschnitt	43

Register 44

Einführung

»Wer einen geschichtlichen Vorgang verstehen will, muss ein klares Bild von dem Raum gewinnen, in dem die Geschichte spielte.« Mit diesem Motto, das zugleich einen Anspruch formuliert, leitete Theodor Schlatter das Vorwort für die deutsche Ausgabe des von G. E. Wright und F. V. Filson erstellten »Kleinen historischen Bibelatlas« (englische Ausgabe: »The Westminster Smaller Bible Atlas«) ein, der seit 1960 in zahlreichen Auflagen im Calwer Verlag erschienen ist. Diesem Motto ist die vorliegende völlige Neubearbeitung treu geblieben. Die insgesamt 17 zeitlich differenzierten Karten vermitteln jeweils die für eine bestimmte Periode relevanten politischen Machtkonstellationen sowie die für das Verständnis biblischer Texte nötigen Hintergrundinformationen, soweit sie kartographisch darstellbar sind. Jeder Bibelleser und jede Bibelleserin soll so in der Lage sein, Bibeltexte mit historischen Inhalten durch einen Blick in den Bibelatlas besser verstehen zu können. In vielen Fällen bietet ja gerade ein Bibelatlas eine anschauliche Information, die manche bei der Lektüre eines Bibeltextes aufkommende Frage beantworten kann. Karten zur Bibel sind daher, mehr noch als Lexika oder Konkordanzen, wohl das wichtigste und meistgebrauchte Hilfsmittel für die Bibellektüre.

Die Neubearbeitung des »Kleinen Historischen Bibelatlas« hat noch ein weiteres Ziel: Während nahezu alle derzeit erhältlichen Atlanten nur eine Auswahl der während einer bestimmten Periode besiedelten bzw. in biblischen Texten belegten Orte bieten, legt dieser Atlas Wert auf größtmögliche Vollständigkeit. Soweit Ortslagen sicher oder zumindest mit einer großen Wahrscheinlichkeit identifizierbar sind (was auf einen großen Teil der biblisch belegten Orte, aber keineswegs auf alle zutrifft), wurden sie in die entsprechenden chronologisch geordneten Karten eingezeichnet. Damit stellt die Neubearbeitung dieses Bibelatlas nicht nur einen Studienatlas für Schule, Gemeinde und private Bibellektüre dar; er genügt auch den Ansprüchen an ein wissenschaftlich fundiertes, nach Vollständigkeit strebendes Kartenwerk. Das beigegebene Register ist zugleich ein handliches und in dieser Art bisher nicht verfügbares Nachschlagewerk für alle lokalisierbaren biblischen Ortslagen.

Die biblischen Ortslagen sind nach den Loccumer Richtlinien, einer ökumenischen Vereinbarung zur Schreibweise biblischer Orts- und Personennamen, wiedergegeben. Für die Umschrift arabischer Ortslagen im Registerteil wurde das Umschriftsystem der Deutschen Morgenländischen Gesellschaft verwendet. Auf eine Wiedergabe der modernen israelischen Ortsnamen wurde bewusst verzichtet, da es sich dabei in der Regel um Neuschöpfungen handelt, die für die topographische Diskussion ohne Belang sind.

Im Register findet sich für jede lokalisierbare Ortslage der heutige arabische Name, eine genaue Koordinatenangabe nach dem sog. Palestine-Grid und eine Angabe, auf welchen Karten der jeweilige Ort eingezeichnet ist. Nicht aufgeführt sind dabei die Eintragungen in der Karte »Archäologische Grabungen in Palästina«, in der die wichtigsten für die Zeit der Bibel relevanten Orte eingetragen sind; wegen der Vielzahl der Grabungen in dieser Region konnte auf dieser Karte nur eine Auswahl von Grabungsstätten eingetragen werden. Mit Hilfe der Koordinaten können Palästina-Reisende ohne große Schwierigkeiten nicht nur die genaue Lage eines biblischen Ortes auf den gängigen Touristenkarten finden (wie z. B. auf der weitverbreiteten »Israel Touring Map« des israelischen Fremdenverkehrsministeriums), sondern auch den entsprechenden modernen israelischen Namen. Oftmals liegen allerdings moderne israelische Siedlungen einige Kilometer von dem entsprechenden gleichnamigen antiken Ort entfernt!

Die aufwendigen Arbeiten an diesem Atlas wären nicht möglich gewesen ohne die großzügigen finanziellen Unterstützungen von Seiten der Calwer Verlag-Stiftung und der Adolf Schlatter-Stiftung.

Mein besonderer Dank gilt darüber hinaus Thomas Hönicke von der Firma Klett-Perthes, Gotha für die Erstellung der Karten und Matthias Flender für die Hilfe bei der Arbeit am Computer für die Karte »Archäologische Grabungen in Palästina«.

Theodor Schlatter schloss sein Vorwort der alten Ausgabe des »Kleinen Historischen Bibelatlas« mit den Worten: »Der Calwer Verlag gibt diesen kleinen Atlas in der Hoffnung hinaus, er dürfe vielen Freunden der Bibel einen guten Dienst tun.« Unter diese Hoffnung soll auch die Neubearbeitung gestellt sein.

Mainz, im September 2000 *Wolfgang Zwickel*

Grundlagen der historisch-topographischen Forschung

Die historisch-topographische Forschung hat in den letzten Jahrzehnten erhebliche Erkenntnisgewinne erzielt. Bis in das frühe 19. Jahrhundert hinein war das Onomastikon des Euseb, das dieser vor 331 n. Chr. schrieb und in dem er in kurzen Notizen die seiner Meinung nach richtige Lage biblischer Orte festhielt, neben den biblischen Lokalisationsangaben die wichtigste Quelle zur Identifizierung von Ortschaften. Euseb konnte bei der Abfassung seines Werkes auf amtliche Dokumente der Bibliothek von Cäsarea, wo er seit 313 n. Chr. als Bischof residierte, zurückgreifen. Allerdings kannte auch Euseb die Lage vieler Ortschaften, die oft schon zu seiner Zeit seit vielen Jahrhunderten verlassen waren, nicht mehr. Zudem lässt sich an manchen Stellen belegen, dass dieser Gelehrte sich ebenso täuschte wie es auch heute jedem Topographen passieren kann.

Das Wissen um die Lage der biblischen Orte wurde in den nachfolgenden Jahrhunderten kaum vermehrt. Neben die Kenntnis des Onomastikons traten nun die Pilgerberichte der ab dem 4. Jahrhundert n. Chr. zunehmend nach Palästina strömenden Reisenden. Mit der steigenden Zahl der Pilger nahm aber paradoxerweise das Wissen um die biblischen Ortslagen ab. Die Pilger benützten in der Regel immer dieselben Wege, um von den Mittelmeerhäfen aus vor allem nach Jerusalem zu kommen. Was abseits dieser Wege lag, wurde nur höchst selten besucht und geriet daher oftmals in Vergessenheit. Andererseits lokalisierten nun aber auch die einheimischen Führer zahlreiche eigentlich in entfernteren Gebieten gelegene biblische Ereignisse in die unmittelbare Nähe der Pilgerstraßen, um den weitgereisten Pilgern einen möglichst eindrücklichen und abwechslungsreichen Aufenthalt zu vermitteln. Unzählige Ortslagen blieben den Besuchern so bis in das frühe 19. Jahrhundert hinein weitgehend oder völlig unbekannt. Das 19. Jahrhundert kann man vor diesem Hintergrund gewissermaßen als Zeitalter der Wiederentdeckung Palästinas verstehen. Ulrich Jasper Seetzen (1767–1811) und Johann Ludwig Burckhardt (1784–1817) waren Anfang des 19. Jahrhunderts die Ersten, die nicht mehr dem alten traditionellen Wissen vertrauten. Sie erkannten, dass sich in vielen arabischen Ortsnamen noch der alte biblische Name erhalten hatte. So kann man beispielsweise in dem arabischen Ortsnamen *Ḫirbet* (»Trümmerstätte«) *Sēlūn* noch den alten Ortsnamen Schilo erkennen. Seetzen und Burckhardt verließen nun die üblichen Pilgerpfade, besuchten unbekannte Gebiete und dokumentierten, allerdings noch weitgehend unsystematisch, die arabische Namensüberlieferung. Erste systematische Aufnahmen dieses Materials verdanken wir dem Amerikaner Edward Robinson (1794–1863), dem Schweizer Titus Tobler (1806–1877) und dem Franzosen Victor Honoré Guérin (1821–1891), die bei ihren Reisen zahlreiche biblische Ortsnamen wiederentdeckten. Noch heute gehen viele Lokalisationen auf das Werk dieser Forscher zurück. In den Jahren 1880–1884 erfolgte dann die erste umfassende kartographische Aufnahme des Westjordanlandes, die der englische »Survey of Western Palestine« finanzierte. Nun wurden zunehmend nicht nur die Namen dokumentiert, sondern auch die aufgefundenen Architekturreste kurz beschrieben.

Als im Jahre 1890 W.M.F. Petrie in *Tell el-Ḥesī* die erste Ausgrabung auf palästinischem Gebiet unternahm, begann eine neue Epoche der historischen Topographie. War man bislang allein auf den Gleichklang von arabischen Ortsnamen mit solchen der biblischen Tradition angewiesen, konnten Ausgrabungsergebnisse die vorgebrachten Lokalisierungsvorschläge zusätzlich stützen. In manchen Fällen zeigte sich allerdings, dass zwar ein Gleichklang vorlag, die entsprechende Ortslage aber in der fraglichen Zeit nicht besiedelt war und damit die Gleichsetzung mit dem vermuteten antiken Ort aufgegeben werden musste. Andererseits wurde es durch die Ausgrabungen und zunehmend auch durch die Oberflächenuntersuchungen möglich, Ortslagen auf Grund der Funde zu lokalisieren, obwohl sich der biblische Name nicht in der arabischen Sprache erhalten hat.

Die archäologische Forschung Palästinas ist seit dem Erscheinen des »Kleinen Historischen Bibelatlas« (1960) noch einmal erheblich vorangeschritten. In Israel wird derzeit ein groß angelegtes Forschungsprojekt durchgeführt, bei dem intensive Oberflächenuntersuchungen im ganzen Land die Siedlungsgeschichte aller antiken Orte erfassen sollen. Ein beträchtlicher Teil der geplanten Dokumentationsbände liegt bereits vor, für andere Gebiete gibt es zumindest Vorberichte. Auch in Jordanien sind schon mehr als 50% des im Altertum besiedelten Gebietes durch derartige Intensivsurveys erfasst; allerdings werden sie hier nicht staatlich koordiniert durchgeführt, so dass es immer wieder »weiße Flecken« auf der Landkarte gibt.

Für die Lokalisierung biblischer Ortslagen steht somit heute eine erheblich erweiterte Materialbasis zur Verfügung. Neben die (kritische) Auswertung biblischer und außerbiblischer Texte (z. B. ägyptische oder assyrische Überlieferungen, Eusebs Onomastikon, rabbinische Traditionen, Pilgerberichte) treten die arabische Namensüberlieferung und nun auch die archäologischen Befunde. Im Idealfall lässt sich eine Lokalisierung durch textliche, sprachliche und archäologische Belege eindeutig absichern. In vielen Fällen trifft dies allerdings nicht in der gewünschten Vollständigkeit zu. Trotzdem erlauben die zur Verfügung stehenden Fakten dann doch eine sichere Bestimmung der Ortslagen. Ist die Identifikation eines Ortes in der fraglichen Zeit (bislang) nicht gesichert, so wird die vorgeschlagene Lokalisation in diesem Atlas mit einem ? versehen. Analog gilt dies für Lokalisierungsvorschläge, die sich zwar auf Grund der archäologischen Befunde anbieten, aber durch keine anderen Fakten zusätzlich gestützt werden können. Trotzdem sind von den über 1500 biblischen Orts-, Landschafts-, Fluss-, Berg- oder Territorialbezeichnungen rund 400 überhaupt nicht lokalisierbar. Meist handelt es sich dabei um Ortslagen, die nur selten in der Bibel erwähnt werden und auch sonst nicht von größerer Bedeutung waren. Nur in sehr wenigen Fällen ist die Lage von historisch bedeutsamen und öfters erwähnten Orten (wie z. B. Emmaus oder Pnuël) derzeit noch umstritten. Die Forschung schreitet jedoch weiter voran. Und so gibt es auch in dieser 2. Auflage des »Calwer Bibelatlas« einige wenige Korrekturen und Neuansetzungen gegenüber der 1. Auflage.

Geographische Gegebenheiten

Die Karte zeigt das gesamte Gebiet Palästinas mit seiner Höhenschichtung, einigen besonders markanten Bergen, den Flussläufen, überregional bedeutsamen Straßenverläufen, den durchschnittlichen Niederschlagsmengen in der Gegenwart (Isohyeten) sowie den biblischen Landschaftsbezeichnungen. Vom Mittelmeer her schließt sich an die flache, im nördlichen Teil sumpfige Küstenregion die hügelige Schefela an. Diese geht dann in den Aufstieg zum Bergland über, dessen Wasserscheide etwa auf der Linie Sichem – Jerusalem – Hebron liegt. Östlich davon fällt das Bergland steil zum Jordangraben bzw. zum Toten Meer hin ab. Von dort steigt das Gelände wieder relativ steil im Ostjordanland auf und geht dann in ein anfangs hügeliges, dann zunehmend flaches Gelände über. Das Ostjordanland wird durch die tief eingeschnittenen Täler der Flüsse Jarmuk, Jabbok, Arnon und Sered von Norden nach Süden in separate Regionen gegliedert. Im Westjordanland blockiert der bis zum Mittelmeer reichende Karmel die Küstenebene im Norden. Nördlich davon schließen sich die fruchtbaren Gebiete der Ebene von Akko, der Jesreel-Ebene und der Bucht von Bet Schean an. Diese wiederum werden im Norden durch das untergaliläische Bergland begrenzt, das dann ins wesentlich höher aufsteigende obergaliläische Bergland übergeht.

Für die Landwirtschaft sehr günstige Bedingungen liegen in all jenen Gebieten vor, in denen die durchschnittliche Niederschlagsmenge pro Jahr etwa 500 mm übersteigt. Dies gilt im Westjordanland für das gesamte Gebiet westlich der Wasserscheide und nördlich von Hebron; im Ostjordanland trifft dies im Wesentlichen für die nördliche Hälfte zu. Sinkt der Niederschlag auf unter ca. 200 mm pro Jahr, ist Ackerbau nur noch mit Hilfe künstlicher Bewässerung bzw. durch Aufstauen des Wadiwassers erfolgversprechend. Die biblische Bezeichnung »von Dan bis Beerscheba« umschreibt also nicht nur das damals bewohnte Gebiet, sondern auch das ohne großen Aufwand landwirtschaftlich sinnvoll zu bewirtschaftende Terrain Palästinas. Da sich die vom Mittelmeer kommenden Regenwolken am judäischen und efraimitischen Bergland abregnen, geht das Gebiet östlich davon in Richtung Jordan relativ schnell von Steppe in Wüste über. An den Bergen des Ostjordanlandes können sich die Wolken nochmals abregnen. Auch in Transjordanien folgen schon nach etwa 30 km zuerst Steppe, dann Wüste.

Palästina war ein Verbindungsland zwischen Ägypten und Mesopotamien, den großen Machtzentren des Orients. Vor allem das Nordreich Israel konnte vom Handel zwischen diesen Ländern profitieren, denn die wichtigste Handelsstraße der Levante (die sog. via maris) durchzog von Ägypten kommend das Gebiet des Nordreichs und führte dann weiter bis nach Nordsyrien. Dort gabelte sie sich. Ein Zweig führte auf das anatolische Bergland, der andere entlang des Eufrat nach Mesopotamien. Die »via maris« war aber nicht nur für den Handel bedeutsam; auf ihr bewegten sich auch die Truppen bei den verschiedenen Kriegszügen. Im Ostjordanland stellt die Königsstraße den Ausläufer der aus Saudiarabien kommenden Weihrauchstraße dar. Einige Ost-West-Verbindungen hatten dagegen lediglich eine untergeordnete Bedeutung.

Höhenschichten
über 1000 m
750 –1000 m
500 – 750 m
200 – 500 m
0 – 200 m
unter 0 m
wichtiger Ort
wichtigste Straßenverläufe in der Eisenzeit
Hermon Berg- oder Gebirgsname
Isohyete
412 Berg mit Höhenzahl in Metern
Jordan Gewässername
PHILISTER Völkername
0 10 20 30 40 50 60 km
© 2000 by Calwer Verlag Stuttgart
Mittel-
meer
Sidon
Damaskus
ARAM
Hermon
2214
Tyrus
Litani
Dan
1204
Königsweg
Galiläa
1208
Hule-See
Akko
526
See Gennesaret -212 m
Jarmuk
Baschan
546
Karmel
Jesreel-Ebene
Kischon
588
Tabor
515
497
Gilboa
Gilead
1198
Scharon
Samarien
Gebirge Efraim
940
Ebal
Sichem
Garizim
881
W. Fara
Jabbok
1042
Kana
via maris
1016
Baal-Hazor
Jordan
Rabba
943
AMMON
Jericho
Heschbon
Schefela
Sorek
Jerusalem
821
Nebo
869
Gebirge Juda
-392 m
Abarim
PHILISTER
Lachisch
1020
799
Gaza
Hebron
Salzmeer/ Totes Meer
Dibon
Arnon
909
1065
MOAB
Beerscheba
Negeb
Wasser von Nimrim
Sered
Bach Ägyptens
EDOM
Seir
1585
Kadesch-Barnea
Araba/Salztal
1557
1035
1743
1006
Petra
Hor
1336
1725
Teman?
Weihrauchstraße
1050
1592
Elat
1000
500
200
100
34°
35°
36°
33°
32°
31°
30°

Palästina im 2. Jahrtausend v. Chr.

Die Karte zeigt die Siedlungsgeschichte Palästinas vor der Entstehung der Staaten Israel und Juda. In der Frühbronzezeit I–III (ca. 3300–2200 v. Chr.) entwickelte sich eine blühende Stadtkultur, die vor allem vom zunehmenden Wein- und Olivenanbau, der damit verbundenen Überschussproduktion und dem sich daraus ergebenden Handel profitierte. Um etwa 2200 v. Chr. wurden nahezu alle Städte offenbar freiwillig verlassen. Die Gründe für diesen Niedergang der Stadtkultur sind noch immer ungeklärt. Bisher gibt es weder Belege für eine tief greifende Veränderung der klimatischen Bedingungen noch für eine kriegerische Eroberung der Städte. Es folgte eine ungefähr 200 Jahre währende Periode, in der die Menschen vorwiegend als Nomaden von Kleinviehzucht (Schafe und Ziegen) lebten. Ab etwa 2000 v. Chr. bildeten sich vor allem im Küstengebiet und in den fruchtbaren Ebenen allmählich wieder größere Städte mit eigenen Fürsten oder Königen heraus. Die einzelnen Städte kontrollierten jeweils die sie umgebenden Regionen, deren Ackerflächen zur Versorgung der Stadtstaaten dienten. In Ägypten wurden drei Gruppen sog. Ächtungstexte (19.–17. Jahrhundert v. Chr.) gefunden. Hierbei handelt es sich um Schalen oder Figurinen, die mit Reihungen von Städtenamen und den Namen der sie regierenden Könige beschriftet waren. Durch deren Zerbrechen sollte auf magische Weise der ägyptische Herrschaftsanspruch über die genannten Städte ausgedrückt werden. Ab dem 15. Jahrhundert v. Chr. gelang es den ägyptischen Pharaonen, durch regelmäßige Feldzüge nach Palästina und Syrien dieses Territorium dauerhaft unter ägyptische Oberhoheit zu bringen und zu verwalten. Die Orte, die bei den Feldzügen berührt wurden, wurden in langen Reihen an den ägyptischen Tempelwänden schriftlich festgehalten. Die umfangreichste Liste mit insgesamt 350 Namen stammt von Thutmosis III. (1479–1426 v. Chr.). Aus der Regierungszeit Amenhotep III. (1390–1353 v. Chr.) und seines Sohnes Amenhotep IV./Echnaton (1353–1336 v. Chr.) stammen die sog. Amarnabriefe, die größtenteils in der damaligen ägyptischen Hauptstadt el-Amarna gefunden wurden. Diese Briefe wurden von palästinischen, syrischen und mesopotamischen Herrschern von Stadtstaaten verfasst, die darin die jeweiligen politischen Verhältnisse in ihrer Region schildern und den ägyptischen Pharao zum Eingreifen auffordern.

Die Karte zeigt die lokalisierbaren Orte der Ächtungstexte, der Feldzugsliste Thutmosis III. und der Amarnabriefe. Damit vermittelt sie einen Eindruck von der Verteilung der Stadtstaaten im 2. Jt. v. Chr. Das efraimitische und judäische Bergland war, wie archäologische Untersuchungen belegen, nur sehr dünn besiedelt. Lediglich Jerusalem und Sichem waren in diesem Gebiet bedeutendere Orte. Ähnlich dünn war auch die Siedlungsdichte im Ostjordanland. Die meisten der in diesem Gebiet eingezeichneten Ortslagen dürften allenfalls Dörfer gewesen sein. Ohnehin waren auch die Stadtstaaten in ihrer Flächenausdehnung nicht allzu groß. Während der Spätbronzezeit (ca. 1550–1200 v. Chr.) waren nur Lachisch (20 ha) und Hazor (84 ha) auf einer Fläche von mehr als 10 ha bewohnt.

Mittel-
meer
Sidon
Kumidi
Rehob
Damaskus
U p e
Hermon
2214
Ijon
Litani
Tyrus
Abel-Bet-Maacha
Lajisch
Kana
Bet-Anat?
Jordan
1204
Rehob?
Hule-See
Hazor
1208
Galiläa
Akko
Mischal?
Achschaf
526
Kinneret
See Gennesaret -212 m
G a r u
Nurpi
Ziribaschan
Aschtarot
B a s c h a n
Kenat
Jasuf?
Gat-Karmel
Hannaton
Schemesch-Adam
546
Adami-Nekeb
Dion?
Geba-Schemen?
Schimron
Jenoam
588
Tabor
Bet-Schemesch?
Jarmuk
Abila
Helkat
Kischon
Jokneam
Anaharat
Dor
Gaba
515
Jarmut
Edrei
Megiddo
Schunem
Tob
Zarar
Zafet
Taanach
Naziba?
Bosora
497
Bet-Schean
Aron
Adoren
Burquna
Gina
Rehob?
Pella
Abel?
Jibleam
Migdal
Gilead
1198
Amschan
Gat-Padalla
Jachem
Hamat
Socho
Scharon
Gebirge Efraim
Maqraput?
Ebal
940
Sichem
Jabbok
Gat-Eti?
SCHASU
SUTÄER
Kana
W. Fara
Afek
1042
Gat-Rimmon
Jafo
Ono
1016
Baal-Hazor
Jordan
Lod
Ijon?
Muchazi
Lus
Gibbeton
943
Bet-Horon (oberes)
Abel-Keramim
Geser
Ajalon
Rabba?
Bet-Haram
Sorek
Jerusalem
ANAKITER
Aschdod
Bet-Schemesch
821
Nebo
Bet-El?
869
Gat
Aschkelon
799
Keila
Gebirge Juda
Abarim
Lachisch
1020
-392 m
Kanaan
Gaza
Adorajim
Salz-meer/ Totes Meer
Dibon
Scharuhen
Arnon
Socho
909
1065
Yurza
Abel?
Rafia
Jarut
Negeb
SCHASU
Harkar?
EMITER
Wasser von Nimrim
Höhenschichten
über 1000 m
750 – 1000 m
500 – 750 m
200 – 500 m
0 – 200 m
unter 0 m
Ort
Kanaan Landschaftsname
Hermon Berg- oder Gebirgsname
412 Berg mit Höhenzahl in Metern
Jordan Gewässername
EMITER Stammesname
0 10 20 30 40 50 km
© 2000 by Calwer Verlag Stuttgart

Der Exodus

Die Karte zeigt neben den ägyptischen Ortslagen im Deltabereich, die hier – soweit sie in der Bibel erwähnt werden – unabhängig von der Datierung der entsprechenden Texte eingezeichnet sind, die lokalisierbaren Orte der Wüstenwanderung bis zur Ankunft an der ostjordanischen Seite des Jordan (2. bis 5. Mose). Zudem sind die Bergbaugebiete auf der Sinaihalbinsel und im Arababereich eingezeichnet.

Der genaue Weg der Israeliten bei ihrer Wüstenwanderung ist noch immer nicht geklärt, zumal die heutige biblische Überlieferung offenbar verschiedene literarische Schichtungen mit je eigenen Wegführungen kombiniert. So lokalisiert eine Überlieferung den Durchzug durchs Schilfmeer bei den Bitterseen, eine andere beim Sirbonischen See. Wiederum in anderen biblischen Überlieferungen sind mit dem Namen »Schilfmeer« der Golf von Suez und der Golf von Aqaba gemeint. Die unterschiedlichen, von den Autoren der einzelnen Quellenschriften angenommenen Wegstrecken des Auszugs werden sich an den allgemein üblichen Wegen im Sinaigebiet orientiert haben. Aus diesem Grunde wurden die nabatäischen Straßenverläufe aus der Zeit um die Zeitenwende eingetragen. Sie sind die ältesten einigermaßen zuverlässig rekonstruierbaren Straßenverläufe in dieser Region. Auch wenn die Nabatäer erst rund 1000 Jahre nach dem Exodusgeschehen lebten, ist zu vermuten, dass sie sich bei ihren Reisen an seit Jahrhunderten bekannten Wegen orientiert haben. Eine Exodusroute der aus Ägypten ausgewanderten Israeliten wurde aus den angegebenen Gründen bewusst nicht eingezeichnet.

Auch die Lage des Berges Sinai bzw. des Berges Horeb ist bis heute noch immer nicht geklärt. Für den Ğebel Mūsā (arab. Moseberg) beim Katharinenkloster im Süden der Sinaihalbinsel lässt sich erst ab dem 4. Jahrhundert n. (!) Chr. eine Verehrung als Wallfahrtsort belegen. Der Erzählablauf der Bücher 2. bis 5. Mose legt eine Lage des Sinai auf der Sinaihalbinsel nahe. Eine ältere Tradition scheint dagegen den Sinai im südlichen Ostjordanland im Siedlungsgebiet der Edomiter und Midianiter (vgl. Karte 4) zu suchen (5. Mose 33,2 [Seir = Edom]; Richter 5,4; Habakuk 3,3; vgl. 2. Mose 3,1). Wahrscheinlich war der Sinai der ursprüngliche Kultort des biblischen Gottes Jahwe. Mit der Errichtung des salomonischen Tempels in Jerusalem im 10. Jahrhundert v. Chr. verlor der Sinai jedoch zunehmend an Bedeutung, zumal er nun auch im Gebiet rivalisierender Stämme lag. Dies führte schließlich dazu, dass die genaue Lage des Sinai nicht mehr überliefert wurde. So konnte er bei der Gestaltung der Auszugsüberlieferung in 2. bis 5. Mose auf der Sinaihalbinsel lokalisiert werden, die erst in einer späteren Zeit nach diesem Berg benannt wurde.

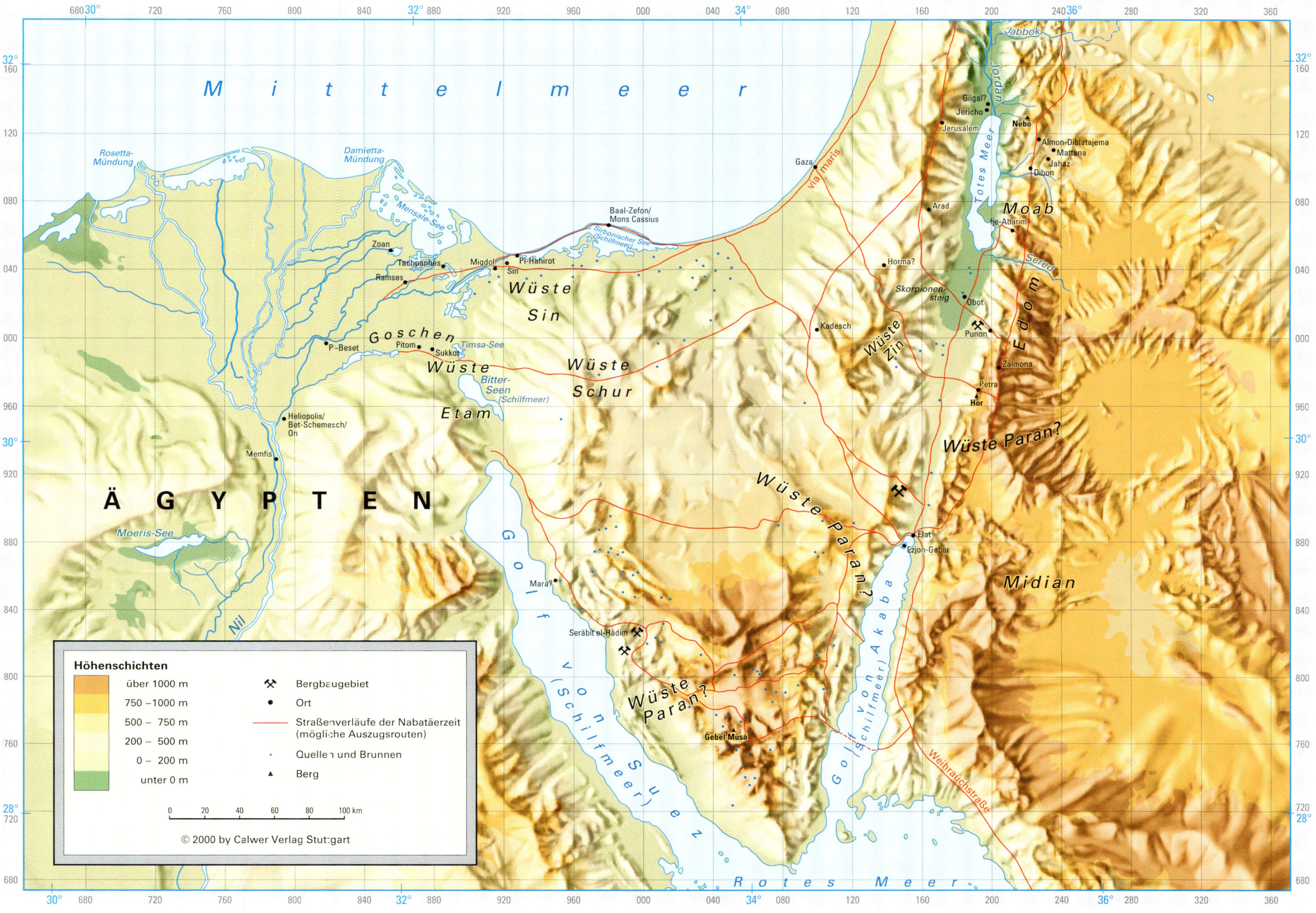

Mittelmeer
ÄGYPTEN
Rosetta-Mündung
Damietta-Mündung
Mensale-See
Zoan
Tachpanhes
Ramses
Migdol
Sin
Pi-Hahirot
Baal-Zefon/ Mons Cassius
Sirbonischer See (Schilfmeer)
Wüste Sin
Goschen
P-Beset
Pitom
Sukkot
Timsa-See
Wüste Etam
Bitter-Seen (Schilfmeer)
Wüste Schur
Heliopolis/ Bet-Schemesch/ On
Memfis
Moeris-See
Nil
Golf von Suez (Schilfmeer)
Mara?
Serābit el-Hādim
Wüste Paran?
Gebel Mūsa
Rotes Meer
Golf von Akaba (Schilfmeer)
Elat
Ezjon-Geber
Weihrauchstraße
Midian
Wüste Paran?
Wüste Paran?
Hor
Petra
Zalmona
Punon
Obot
Edom
Wüste Zin
Kadesch
Skorpionen-steig
Horma?
Gaza
via maris
Arad
Jerusalem
Jericho
Gilgal?
Jordan
Jabbok
Totes Meer
Nebo
Almon-Diblatajema
Mattana
Jahaz
Dibon
Moab
Ije-Abarim
Sered
Höhenschichten
über 1000 m
750 –1000 m
500 – 750 m
200 – 500 m
0 – 200 m
unter 0 m
Bergbaugebiet
Ort
Straßenverläufe der Nabatäerzeit (mögliche Auszugsrouten)
Quellen und Brunnen
Berg
0 20 40 60 80 100 km
© 2000 by Calwer Verlag Stuttgart

Das Stämmesystem in Israel nach Josua 13–21

Gezeigt werden alle lokalisierbaren Orte dieser biblischen Kapitel. Die alttestamentliche Forschung ist zu dem Ergebnis gekommen, dass die in Josua 13–21 genannten Ortschaften nicht die Siedlungen während der sog. Landnahme wiedergeben; in diesen Zusammenhang wurden die Kapitel erst im Laufe der Endgestaltung des Josuabuches eingereiht. Die »Landnahme« der einzelnen Stämme wird heute als ein Prozess verstanden, der sich in der Zeit von ca. 1250 bis etwa 1100 v. Chr. vollzog und auf ganz unterschiedliche Ursachen zurückgeführt wird. Das Buch Josua, das in einem großen zeitlichen Abstand zu den beschriebenen Ereignissen abgefasst wurde, verstand die Landnahme als kriegerischen Vorgang, in dem das gesamte Volk Israel in das Land einmarschierte und die dort ansässigen Kanaanäer vertrieb. Heute dagegen geht man davon aus, dass es sich bei der relativ kleinen Exodusgruppe nur um einen Stamm oder eine Sippe handelte, die später in dem Staatsgebilde Israel aufging.

Unter historischen Gesichtspunkten ist die sog. Landnahmezeit eine Periode tief greifender Umbrüche und politischer Veränderungen. So wurden 1180 v. Chr. Seevölkergruppen, insbesondere die im Alten Testament erwähnten Philister, von Pharao Ramses III. (1187–1156 v. Chr.) im Küstenbereich Palästinas angesiedelt. Damit verdrängten sie einen Teil der dort wohnenden Kanaanäer, die sich nun eine neue Wohnstatt suchen mussten. Auch gab es zu jener Zeit offenbar mehrfach Hungersnöte, die die Existenz von Städtern und Nomaden bedrohten. Ebenfalls scheinen in dieser Zeit die Handelsverbindungen aus unterschiedlichen Gründen zusammengebrochen zu sein, was wiederum für die auf den Handel spezialisierten Stadtbewohner zu Änderungen im Erwerb ihres Lebensunterhalts führte. All dies hatte eine Neugestaltung der Lebensweise der Bewohner Palästinas zur Folge. Viele der spätbronzezeitlichen Städte wurden aufgegeben und verlassen. Dagegen entstanden im bis dahin nahezu unbesiedelten Bergland kleine Siedlungen, deren Bewohner von Kleinviehzucht und geringem Ackerbau lebten. Diese Orte waren untereinander in einem Stammessystem verbunden. Die einzelnen Stämme unterstützten sich im Kriegsfall und in anderen Notsituationen gegenseitig.

Die auf dieser Karte wiedergegebenen Ortslagen aus Josua 13–21 lassen sich nicht einer einzigen Periode der Geschichte Israels zuordnen. Die Grenzbeschreibungen in diesen Kapiteln stammen vielleicht aus dem 10. Jahrhundert v. Chr., der Zeit Salomos, und repräsentieren somit den Gebietsanspruch der einzelnen Stämme zu Beginn des von einem einzelnen König regierten gemeinsamen Reichs. Die meisten Ortsnamen stammen aus der späteren Königszeit (8./7. Jahrhundert v. Chr.). Die Karte vermittelt somit in etwa eine Vorstellung von der Siedlungsdichte während dieser Zeit, wobei zu den hier aufgeführten größeren Ortschaften noch weitere, in Josua 13–21 nicht genannte, aber archäologisch nachgewiesene Dörfer kommen.

Höhenschichten
über 1000 m
750 – 1000 m
500 – 750 m
200 – 500 m
0 – 200 m
unter 0 m
Ort
Gilead Landschaftsname
Hermon Berg- oder Gebirgsname
588 Berg mit Höhenzahl in Metern
Jordan Gewässername
NAFTALI Stammesname (in verschiedenen Farben)
ABIESER Sippenname
0 10 20 30 40 50 km
© 2000 by Calwer Verlag Stuttgart
1 En-Gannim
2 Nahalal
3 Daberat
4 Kislot-Tabor
5 Dabbeschet
6 Rama
7 Gibea (in Benjamin)
8 Almon
9 Gallim
10 Anatot
11 Me-Neftoach
12 Kesalon
13 En-Schemesch
14 En-Gannim
15 Bet-Schemesch
16 Ir-Schemesch
H. Hinnom (Tal)
J.-E. Tal von Jiftach-El
Re. Refaim (Ebene)
Ro. Rogel-Quelle
S.-L. Schihor-Libnat
Mittel-meer
Sidon
Libanon
Hermon
2214
Amana
Baal-Gad?
Mahaleb
Litani
MAACHA
Tyrus
Lajisch/Dan
DAN
ARAM
Hosa
Kana
Bet-Anat?
Jordan
Hammon
Rama?
Kedesch
Rehob?
Jiron
Galiläa
Hule-See
Abdon
Bet-Schemesch?
Achsib
Hazor
Alammelech?
ASCHER
NAFTALI
Akko
Rama
Geschur
Achschaf
Mischal
Kinneret
Kabul
See Kinneret
Aschtarot
Afek?
Bet-Emek?
Nea?
Migdal-El
Adama
Rakkat
Golan?
Beten?
Hali
Hannaton
Rimmon
Adami-Nekeb
-212 m
Baschan
J.-E.
Et-Kazin?
Asnot-Tabor
Hammat
Betlehem
Gat-Hefer
Helef?
Jarmuk
Karmel
SEBULON
Hukkok?
Tabor
Jabneel
Helkat
Schimron
588
Lakkum
Marala?
Jafia
En-Hadda
Bet-Schemesch?
Anaharat
Schion
Jokneam
Sarid
En-Dor
Edrei
Dor
Schunem
ISSACHAR
Megiddo
Kischon
Hafarajim?
Ramot-Gilead
Jarmut
Jesreel
Taanach
Bet-Schean
Salcha?
Jibleam
Gilead
MANASSE
Dotan
Tirza
Zafon
HELEK
940
Michmetat?
SCHEMIDA
Ebal
881
Sukkot
Garizim
Sichem
ABIESER
Wadi Fara
Mahanajim
Jabbok
Kana
ASRIEL
Janoach
Taanat-Schilo
Kibzajim
Me-Jarkon?
Timnat-Serach
En-Tappuach
Tappuach
GAD
Gat-Rimmon
Schilo
Jafo
Bene-Berak
Atarot
Azor
Jehud
EFRAIM
Baal-Hazor
1016
Betonim
ARKITER
Ofra
Jaser
Aroer
AMMON
Rabba (t-Bene-Ammon)
Bet-Horon (unteres)
JAFLETITER
Lus/Bet-El
Naara?
Elteke?
Gibbeton
Rama
Bet-Horon (oberes)
Mizpa
Achor
Bet-Nimra
Jabneel
Schefela
Atrot-Addar
Jericho
Gilgal
Geser
Schaalbim
Gibeon
Geba
Baalat?
Ajalon
BENJAMIN
Bet-Hogla
Bet-Araba
Bet-Haram
Sorek
Kefira
Para
DAN
Schikkaron?
Rabba?
Kirjat-Jearim
Debir
Heschbon
Timna
Moza
Bet-Jeschimot
Ekron
Eschtaol
Baala
Zela?
Adummim?
Nebo
Bet-Pegor
Aschdod
Zora
H.
Jerusalem
ANAKITER
Manoach?
Re.
Ro.
Bamot-Baal?
Medeba
Jarmut
Sanoach
Bet-Ter
Bet-Kerem
Kirjatajim
Gat
Aseka
Timna
Bethlehem
Aschkelon
Socho
Etam
Gedera
Baal-Meon
PHILISTER
Adullam
Pegor
Achsib
Tekoa
Ir-Melach?
-392 m
Libna
Keila
Gedor
RUBEN
Eter
Marescha
Bet-Zur
Egion?
Nezib
Halhul
Jahaz
Lachisch
Lachmas?
Bet-Anot
Bet-Tappuach
Salz-meer/ Totes Meer
Migdal-Gad
Makkeda
Hebron
Gaza
Dibon
Mefaat
KENASITER
JUDA
Kajin?
Debir
Jutta
Sif
Arnon
Aroer
Scharuhen
Kedemot
En-Gedi
Duma
Arab?
Karmel
AWA
Anab
Maon
Socho
Ziklag?
En-Rimmon
Eschtemoa
Jattir
Madmanna
Anim
Sansanna
Kerijot-Hezron
Negeb
Arad
Beerscheba
Hazar-Schual?
Horma?
KENITER
Kina
Molada?
Rama?
Aroer
Wasser von Nimrim
MOAB
Ezem?
SIMEON
Sered
Bach Ägyptens
Skorpionen-steig
Wüste Zin
EDOM
Hezron?
Kadesch-Barnea
34°
35°
36°
33°
32°
31°

Die Richter- und frühe Königszeit

Die Karte umfasst die Ortslagen, die in den Büchern Richter, Josua (ohne Kapitel 13–21), 1. und 2. Samuel sowie 1. Könige (bis Kapitel 11) genannt werden. Historisch wird damit der Zeitraum von der sog. Landnahme (siehe dazu die Beschreibung der Karte 4) bis zum Tode Salomos 926 v. Chr. erfasst.

Nachdem sich allmählich sowohl die Nordreichstämme als auch das relativ kleine, von den Hauptverkehrsstraßen weit abgelegene und politisch wie hinsichtlich seiner Einwohnerzahl ziemlich bedeutungslose Juda in ihren Stammesgebieten festgesetzt hatten, verfestigten sich auch die Beziehungen unter den Nordreichstämmen, um sich vor allem im Kriegsfall gegenseitig zu unterstützen. Unabhängig von den Stämmen und selbstverwaltet gab es zwischen den Stammesgebieten noch Stadtstaaten wie z. B. Geser, Keïla oder Jerusalem. Vor allem durch den militärischen Druck der in der Küstenebene wohnenden Philister und der sonstigen Seevölkergruppen, die ihr Territorium nach Osten hin ausdehnen wollten, aber auch durch kriegerische Streitigkeiten mit anderen Nachbarvölkern waren die Stämme herausgefordert, ihre militärische Schlagkraft zu festigen. Dies führte zunächst zur Herausbildung zeitlich begrenzt wirkender militärischer Führer. Die Richter hatten dagegen in den einzelnen Stämmen (aber noch nicht stammübergreifend!) erste Verwaltungs- und Rechtsaufgaben inne. Alsbald zeigte sich zumindest im Nordreich Israel, dass eine stammesübergreifende Führergestalt nötig war, um gemeinsame kriegerische Aktionen der Nordreichstämme gegen die Seevölker zu organisieren. Der erste König, der militärische mit verwaltenden und richterlichen Aufgaben verband, war Saul. Etwa zur selben Zeit wurde David König im Südreich Juda. Nach dem Tod Sauls baten ihn die Führer des Nordreichs Israel, auch die Königswürde für das Nordreich zu übernehmen. Für einen Zeitraum von ca. 80 Jahren, wenn man den auffällig runden Regierungszeiten von jeweils 40 Jahren für David und seinen Sohn Salomo trauen darf, wurden nun Israel und Juda von einem gemeinsamen Herrscher regiert. Dass dessen Machtfülle relativ beschränkt war, belegen eindrücklich die Listen der jeweiligen Funktionsträger (2. Samuel 8,16–18; 20,23–26; 1. Könige 4,1–19).

David eroberte mit seinem Privatheer den bis dahin selbstständigen Stadtstaat Jerusalem und kürte diese auf der Grenze zwischen Nord- und Südreich gelegene Stadt zur Hauptstadt der geeinten Reiche. Ihm gelang es auch, die politische und militärische Macht der beiden Reiche auszubauen und benachbarte Gebiete unter seine Kontrolle zu bringen. Auf der Karte ist Davids Großreich, das sein Sohn Salomo weitgehend übernahm, farbig abgegrenzt. Salomo war scheinbar weniger an außenpolitischen Machterweisen als vielmehr an einer kulturellen Stärkung (Ausbildung von Weisheit) und an einer Baupolitik, die seine Macht verdeutlichen sollte (z. B. Jerusalemer Tempel), interessiert. Zur besseren Verwaltung des Reiches teilte er dieses in 12 Verwaltungsbezirke ein (1. Könige 4,7–19), deren ungefähre Grenzen gleichfalls auf der Karte angegeben sind.

Höhenschichten
über 1000 m
750 – 1000 m
500 – 750 m
200 – 500 m
0 – 200 m
unter 0 m
Ort
Quelle
Gilead Landschaftsname
Hermon Berg- oder Gebirgsname
588 Berg mit Höhenzahl in Metern
Jordan Gewässername
JUDA ARKITER Stammes- und Sippenname
Grenze Israels und Judas z.Zt. Davids
Grenze von Davids eroberten Gebieten
ungefährer Verlauf der Verwaltungsbezirke Salomos
0 10 20 30 40 50 km
© 2000 by Calwer Verlag Stuttgart
1 Baal-Tamar
2 Bet-Horon (unteres)
3 Bet-Horon (oberes)
4 Michmas
5 Senne
6 Amma
7 Rama
8 Geba
9 Gibea (in Benjamin)
10 Gallim
11 Anatot
12 Kulthöhe von Rama
Ro. Rogel-Quelle
Re. Refaim (Ebene)
Mittel-meer
PHÖNIZIER
SEEVÖLKER
PHILISTER
ANAKITER
AWA
AMALEKITER
Sidon
Tyrus
Mahaleb
Litani
Libanon
Rehob
Baal-Gad?
Hermon
2214
Damaskus
Amana
Abel-Bet-Maacha
Dan
MAACHA
Bet-Anat?
Kedesch
Hule-See
Hazor
Achsib
Akko
Achschaf
Afek?
Kabul
Galiläa
Kinneret
See Kinneret
-212 m
Geschur
Karnajim
Aschtarot
Golan?
Helam?
Kenat?
Jarmuk
Haroschet-Gojim?
Betlehem
Nahalal
Schimron
Jafia
Tabor 588
Bet-Schemesch?
Karmel
Kischon
Jokneam
Dor
Megiddo
En-Dor
Schunem
More
Jesreel
Bet-Schitta
Harod
Harod?
Taanach
Gilboa
Bet-Schean
Baschan
Edrei
Kamon
Ramot-Gilead
Roglim?
Ham
Tob
Salcha?
Hefer
Jibleam
Gur
Dotan
Arubbot?
Socho
Besek
Abel-Mehola
Tabbat?
Jabesch-Gilead
Geba
Tebez
Tirza
Zafon
HELEK
940 Ebal
Zalmon?
SCHEMIDA
Ofra
Sichem
Sukkot
Mahanajim
Machir
Baal-ABIESER
Piraton
Garizim 881
Pnuel
Jabbok
Schalischa
Kana
ASRIEL
Aruma
W. Fara
Mizpe-Gilead
Gilead
Afek
Timnat-Serach
Eben-Eser?
Jaschub
Lebona
Tappuach
Adam
Zereda?
Silo
Atarot
Nobach
Jogboha
Betonim
Baal-Hazor 1016
Ofra
Rimmon
Jordan
Aroer
Jaser
Rabba(t-Bene-Ammon)
Lus/Bet-El
Ai
Migron
Giach
Achor
Jericho
Gilgal?
Bet-Nimra
Abel-Keramim
ARKITER
Schaalbim
Geser
Ajalon
Kefira
Gibeon
Beerot
Mizpa
Kirjat-Jearim
Moza
Zela?
Almon
Nob
Bahurim
Jerusalem
Bet-Araba
Bet-Jeschimot
Abel-Schittim
Bet-Haram
Elale
Minnit
Heschbon
Bet-Pegor
Nebo
Schefela
Sorek
Baalat?
Ekron
Timna
Eschtaol
Zora
Etam
Aschdod
Bet-Schemesch
Jarmut
Aseka
Gat
Huscha
Etam
Timna
Baal-Perazim
Betlehem
Pegor
Netofa
Tekoa
Socho
Aschkelon
Achsib
Libna
Adullam
Keila
Gedor
JUDA
Bet-Zur
Bor-Sira
Lachisch
Aschna
Bet-Tappuach
Makkeda
Hebron
Sif
Wüste Sif
En-Gedi
Gaza
Debir
KENASITER
Karmel
Maon
Eschtemoa
Anab
Jattir
Anim
Gerar
Ziklag?
JERACHMEELITER
Rehobot?
Arad
Beerscheba
Horma?
KENITER
Salzmeer/Totes Meer
-392 m
Bamot-Baal?
Kirjatajim
Medeba
Baal-Meon
Almon-Diblatajema
Abarim
Atarot
Jahaz
Dibon
Arnon
Aroer
Kedemot
Moab
MOAB
Horonajim
Besor
Molada?
Rama?
Aroer
Ezem?
Negeb
Ije-Abarim
Wasser von Nimrim
Tamar?
Zoar
Sered
Rehobot-Nahar
Skorpionen-steig
Salztal
Siddim
Obot
EDOM
Seir
Bozra
Wüste Zin
Bach Ägyptens
Kadesch-Barnea
Molada?
Rama?
Aroer
Ezem?
Totes Meer
Ije-Abarim
Tamar?
Zoar
Sered
Rehobot-Nahar
Obot
Bozra
Punon
Paran
Hor
El-Paran
Teman?
Ismaeliter
Elat
Ezjon-Geber
G. von Akaba
0 10 20 30 40 50 km

Israel und Juda von der Reichsteilung bis zum Untergang Israels

Die Darstellung umfasst die Periode von 926 v. Chr. bis zum Jahre 722 v. Chr., als das Nordreich von den Assyrern erobert wurde. Neben den einschlägigen Texten der Königebücher sind auch die Texte der Propheten dieser Zeit sowie die assyrischen Inschriften berücksichtigt.

Mit dem Tod Salomos zerfielen die beiden seit David (vgl. Karte 5) vereinten Reiche Israel und Juda wieder in eigenständige Königtümer. Der Stamm Benjamin hielt sich allerdings zum Südreich Juda, so dass die – anfangs stark umkämpfte – Grenzlinie zwischen beiden Reichen nun wenige Kilometer nördlich von Jerusalem verlief. Das ohnehin recht kleine Südreich Juda lag weiterhin abseits der großen Handelsstraßen und damit auch abseits der politischen Machtinteressen im Nahen Osten. Nach Süden hin konnte sich Juda erst im frühen 8. Jahrhundert v. Chr. in den Negeb hinein ausbreiten und somit den von Saudiarabien kommenden Weihrauchhandel in diesem Gebiet kontrollieren. Das Nordreich Israel stand dagegen im späten 10. und 9. Jahrhundert v. Chr. stark im Mittelpunkt der politischen Ereignisse. Zunächst war es in heftige kriegerische Auseinandersetzungen mit den Aramäern verstrickt und verlor Teile des Ostjordanlands. Unter den Königen Omri (882/878–871 v. Chr.) und Ahab (871–852 v. Chr.), der sich mit Isebel, der Tochter des Königs von Tyrus, verheiratet hatte, verbesserten sich die Handelsbeziehungen nach Phönizien. Mitte des 9. Jahrhunderts v. Chr. begann das assyrische Reich seinen Einflussbereich nach Palästina hin auszudehnen. Schon der Nordreichkönig Jehu (845–818 v. Chr.) war gegenüber den Assyrern tributpflichtig. Da man während vermeintlicher Schwächeperioden der Assyrer (z. B. nach einem Herrschaftswechsel) die Tributzahlungen einstellte, eroberte der assyrische König Tiglat-Pileser III. (745–727 v. Chr.) bei neuerlichen Feldzügen Teilgebiete Palästinas. Der ungefähre Verlauf seiner Feldzüge ist mit entsprechender Jahreszahl auf der Karte eingetragen. 732 v. Chr. wurden weite Teile des Nordreichs assyrische Provinz; nur der Rumpfstaat Efraim auf dem gleichnamigen Bergland verblieb in israelitischer Hand. Nach einem weiteren Aufstand wurde 722 v. Chr. auch Efraim erobert. Damit hatte das Nordreich Israel seine Eigenständigkeit verloren und wurde weitgehend entvölkert. Ein Teil der Oberschicht wurde von den Assyrern nach Mesopotamien deportiert, ein anderer floh in den Süden oder in die ostjordanischen Gebiete und suchte sich dort eine neue Heimat.

Während im Südreich weiterhin Jerusalem Sitz des Königshauses war, wechselte die Hauptstadt des Nordreichs mehrfach. Zunächst hatte Sichem für kurze Zeit diese Funktion inne. Schon nach wenigen Regierungsjahren wich der israelitische König Jerobeam I. (926–907 v. Chr.) ins ostjordanische Pnuël aus, um vor dem ägyptischen Pharao Scheschonk (945–924 v. Chr.), der einen Feldzug nach Palästina durchführte, zu fliehen. Nach Beendigung des ägyptischen Beutezuges kehrte Jerobeam ins Westjordanland zurück und machte nun Tirza zur neuen Residenzstadt. Unter Omri wurde dann das von diesem neu errichtete Samaria Hauptstadt des Landes. Als Ersatz für das Nationalheiligtum in Jerusalem, das nun im Südreich Juda lag, errichtete Jerobeam I. im Norden Israels in Dan und im Süden in Bet-El zwei Grenzheiligtümer, die dem König unterstanden und an denen der Nationalgott Jahwe verehrt wurde.

Höhenschichten
über 1000 m
750 – 1000 m
500 – 750 m
200 – 500 m
0 – 200 m
unter 0 m
Ort
Galiläa Landschaftsname
Hermon Berg- oder Gebirgsname
588 Berg mit Höhenzahl in Metern
Jordan Gewässername
PHÖNIZIER Stammesname
0 10 20 30 40 50 km
© 2000 by Calwer Verlag Stuttgart
733 Verlauf assyrischer Feldzüge (mit Jahresangabe)
JUDA Namen assyrischer Vasallenstaaten
Grenze assyrischer Provinzen
Damaskus 732 Name assyrischer Provinzen (mit Jahreszahl der Einrichtung)
PHÖNIZIER
Sidon
Sarepta
Tyrus
Hosa
Mahaleb
Libanon
Hermon
Bikat-Awen?
Damaskus
732
Amana
Parpar
Ijon
Jonoach
Litani
Abel-Bet-Maacha
Dan
Hule-See
Hazor
Galiläa
Megiddo
733
Kinneret
See Kinneret
-212 m
Afeq
Karnajim
Baschan
Jarmuk
Gat-Hefer
Tabor
588
Karmel
Kischon
Schunem
Megiddo
Jesreel
Ramot-Gilead
ISRAEL
Dor
Scharon
734
Bet-Gan
Jibleam
Bet-Eked?
Dotan
Abel-Mehola
Tischbe?
Gilead
HELEK
Samaria
Jasit
Tirza
Sefer
Kur
Azza
Hazerot
Ebal
940
Sichem
SCHEMIDA
ABIESER
881
Garizim
Baal-Schalischa
Elmatan
Beerajim
SAMARIEN/EFRAIM
W. Fara
Pnuel
Jabbok
Kana
Jaschub
Adam
Mittelmeer
Baal-Hazor
1016
AMMON
Jaser
Rabba(t-Bene-Ammon)
Gibbeton
Bet-El
Aja?
Rama
Migron
Michmas
Achor
Mizpa
Geba
Jericho
Gilgal?
Gibeon
Rama
Gibea (in Benjamin)
Abel-Schittim
Geser
Sorek
Anatot
Gallim?
Nob
Elale
Heschbon
Nebo
Ekron
Zora
Jerusalem
Refaim
Aschdod
Bet-Schemesch
Baal-Perazim
Bamot-Baal?
Medeba
Aseka
Betlehem
Kirjatajim
Baal-Meon
Gat
Schefela
PHILISTER
Aschkelon
Adullam
Almon-Diblatajema
Moreschet-Gat?
Libna
Tekoa
Blütensteige
-392 m
Marescha
Bet-Zur
Atarot
Lachisch
Bet-Leafra
Jahaz
Kerijot
Hebron
Salzmeer/Totes Meer
Dibon
Gaza
Adorajim
Ar(-Moab)
Arnon
Aroer
MOAB
JUDA
Maon
Dimon
Horonajim
Arad
Beerscheba
Negeb
Kir
Luhit
Wasser von Nimrim
Totes Meer
Kir
Luhit
Zoar
Sered
Sela
Bozra
Edom
Salztal
Seir
Teman?
Paran
Elat
Ezjon-Geber
G. von Akaba

Palästina bis zum Untergang Judas

Die Karte beschreibt die Periode nach der Zerschlagung des Nordreichs 722 v. Chr. bis zur Eroberung des Südreichs Juda durch die Babylonier 587 v. Chr. Neben den Texten der Königebücher und der spätvorexilischen Propheten ist in dieser Karte auch die sog. Liste der Festungen Rehabeams (926–910 v. Chr.) aus 2. Chronik 11,5–12 eingezeichnet, die entgegen der biblischen Zuschreibung wohl aus der Zeit des 7. Jahrhunderts v. Chr. (Zeit Joschijas ?) stammt.

Durch die Eroberung des Nordreichs und die Umwandlung des Reststaates Efraim (vgl. Karte 6) in eine assyrische Provinz kam es zu einer starken Entvölkerung des Nordens. Ein Großteil der Bevölkerung floh in das Südreich Juda, das innerhalb kurzer Zeit ein starkes Bevölkerungswachstum und eine territoriale Ausweitung in Richtung Süden aufwies (vgl. Karte 16a). Das Gebiet Judas wurde nun nach Süden hin wesentlich dichter bewohnt. Der judäische König Hiskija (725–697 v. Chr.) versuchte durch staatliche Maßnahmen (Organisation des Weinanbaus und -handels, Errichtung von Gehöften, Bau des sog. Hiskijatunnels in Jerusalem, Erweiterung des Stadtareals von Jerusalem) das Volk ausreichend mit Arbeit und Nahrung zu versorgen. Sein Abfall von den Assyrern veranlasste 701 v. Chr. den Assyrerkönig Sanherib (705–681 v. Chr.) zu einem Feldzug gegen Juda. Die Städte in der Schefela (vgl. Karte 2) zerstörte er weitgehend; die Eroberung von Lachisch ließ er in seinem Palast in Ninive in einem Zyklus von Wandreliefs darstellen. Trotz längerer Belagerung gelang es ihm aber nicht, Jerusalem einzunehmen.

Hiskijas Nachfolger Manasse (696–642 v. Chr.) bemühte sich während seiner langen Regierungszeit um gute wirtschaftliche und kulturelle Kontakte zu den Assyrern und erreichte damit eine Blütezeit für Juda. Die enge Anlehnung an Assyrien führte innenpolitisch zu einer Oppositionsbewegung, die sich um eine verstärkte Ausrichtung am traditionellen Jahweglauben bemühte und gegen einen kulturellen Pluralismus wandte.

Nachfolger Manasses war dessen Sohn Amon (641–640 v. Chr.). Als dieser bei einer Verschwörung getötet wurde, setzte das Volk den erst 8-jährigen Amon-Sohn Joschija (639–609 v. Chr.) als dessen Nachfolger ein. Während seiner Regierungszeit wurde das assyrische Reich zunehmend geschwächt. 622 v. Chr. nützte dies Joschija, unterstützt von Vertretern der antiassyrischen Oppositionsbewegung, um sich von der politischen Abhängigkeit von Assyrien zu lösen und den Kultbetrieb von kulturellen Verfremdungen zu reinigen. Die Grundlage für die Reformmaßnahmen (vgl. 2. Könige 22f.) bildet der Grundbestand des 5. Buches Mose. Als Joschija 609 v. Chr. bei Megiddo dem ägyptischen Pharao Necho, der die Assyrer gegen die Babylonier unterstützen wollte, entgegentrat, fand er den Tod. Sein Nachfolger Joahas wurde von den Ägyptern, die nun für kurze Zeit die Oberhoheit über Palästina innehatten, kurzerhand abgesetzt. Neuer König wurde Jojakim (608–598 v. Chr.). 605 v. Chr. errangen die Babylonier die Oberhoheit über Palästina. Um 600 v. Chr. schloss sich Juda einer Koalition an, um das babylonische Joch abzuschütteln. Unter Jojakims Nachfolger Jojachin (598–597 v. Chr.) eroberte Nebukadnezzar nach dreimonatiger Belagerungszeit Jerusalem und deportierte die Oberschicht nach Mesopotamien. Statt Jojachin inthronisierten die Babylonier nun Zidkija (597–587 v. Chr.) als König in Juda. Als auch dieser von Babylon abfiel, belagerte Nebukadnezzar die Stadt Jerusalem ein zweites Mal und machte sie schließlich 587 v. Chr. dem Erdboden gleich. Damit war die selbstständige Existenz Judas beendet.

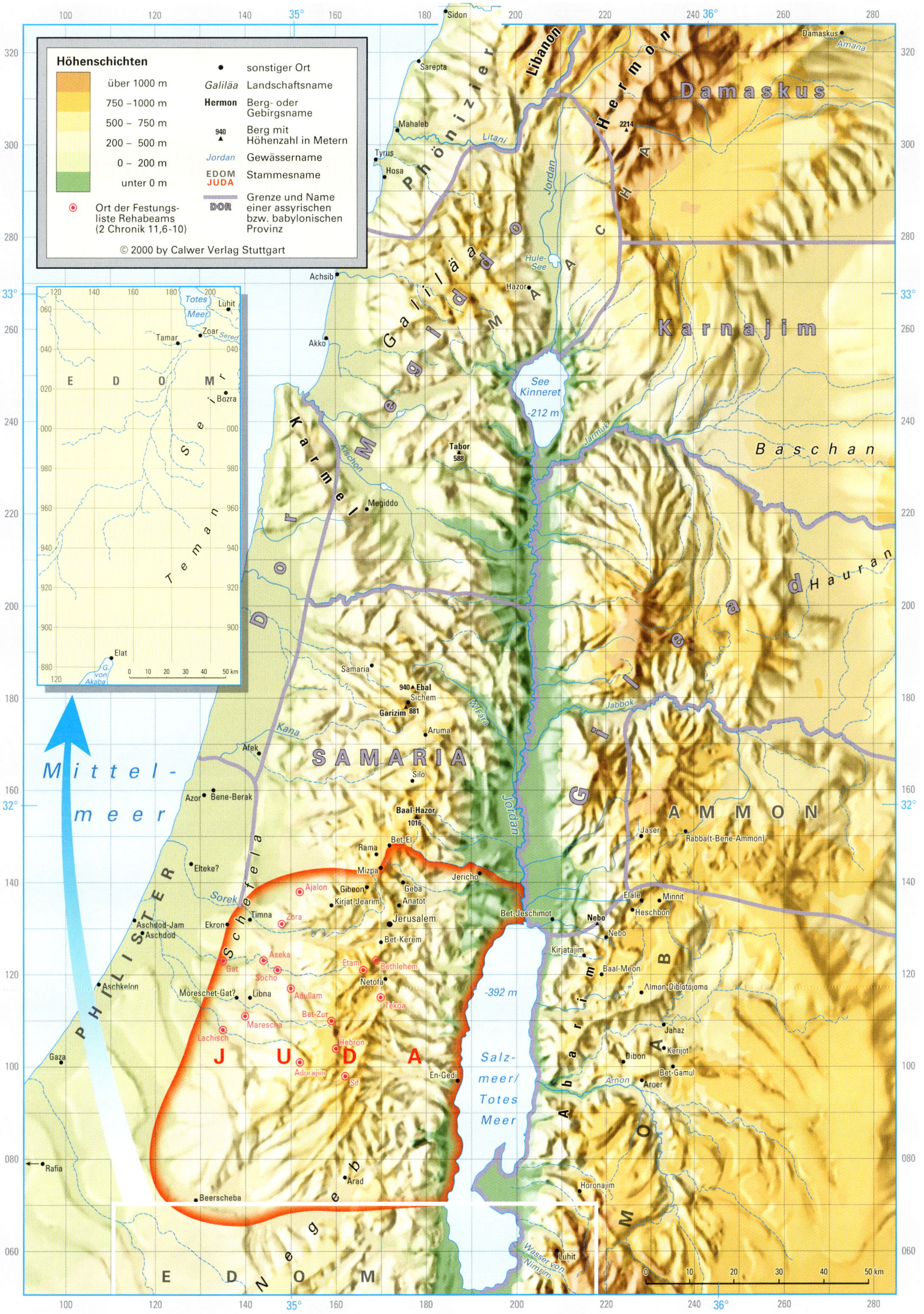
Höhenschichten
über 1000 m
750 – 1000 m
500 – 750 m
200 – 500 m
0 – 200 m
unter 0 m
Ort der Festungsliste Rehabeams (2 Chronik 11,6-10)
sonstiger Ort
Galiläa Landschaftsname
Hermon Berg- oder Gebirgsname
940 Berg mit Höhenzahl in Metern
Jordan Gewässername
EDOM JUDA Stammesname
DOR Grenze und Name einer assyrischen bzw. babylonischen Provinz
© 2000 by Calwer Verlag Stuttgart
Sidon
Sarepta
Mahaleb
Tyrus
Hosa
Phönizien
Libanon
Hermon
2214
Damaskus
Amana
Litani
Jordan
Haurach
Hule-See
Hazor
Achsib
Akko
Galiläa
Megiddo
Karnajim
See Kinneret
-212 m
Jarmuk
Baschan
Tabor
588
Karmel
Kischon
Megiddo
Dor
Hauran
Gilead
Samaria
940 Ebal
Sichem
Garizim 881
W. Fara
Aruma
Jabbok
Kana
Afek
SAMARIA
Silo
Mittelmeer
Azor
Bene-Berak
Baal-Hazor
1016
Jordan
AMMON
Jaser
Rabba(t-Bene-Ammon)
Bet-El
Rama
Elteke?
Schefela
Mizpa
Jericho
Ajalon
Gibeon
Geba
Sorek
Kirjat-Jearim
Anatot
Elale
Minnit
Timna
Zora
Jerusalem
Bet-Jeschimot
Nebo
Heschbon
Aschdod-Jam
Aschdod
Ekron
Nebo
PHILISTER
Bet-Kerem
Kirjatajim
Aseka
Etam
Bethlehem
Baal-Meon
Gat
Socho
Netofa
Abarim
Aschkelon
Moreschet-Gat?
Libna
Adullam
Tekoa
-392 m
Almon-Diblatajma
Bet-Zur
Marescha
Jahaz
Lachisch
Hebron
Kerijot
Gaza
JUDA
Dibon
Adorajim
Salzmeer/Totes Meer
Sif
En-Gedi
Bet-Gamul
Arnon
Aroer
MOAB
Rafia
Arad
Negeb
Horonajim
Beerscheba
Wasser von Nimrim
Luhit
EDOM
Totes Meer
Luhit
Tamar
Zoar
Sered
Bozra
Seir
Teman
Elat
G. von Akaba
0 10 20 30 40 50 km
35°
36°
32°
33°

Das assyrische Reich

Die Karte zeigt die maximale Ausdehnung des assyrischen Weltreichs sowie die wichtigsten in biblischen und außerbiblischen Texten jener Zeit erwähnten Orte. Aufgenommen sind auch Ortsnamen aus älterer Zeit, sofern sie außerhalb der Palästinakarten liegen.

Das neuassyrische Reich entwickelte sich ab 935 v. Chr. Zunächst gelang es, außenpolitisch die Grenzen abzusichern und die Wirtschaft im Inneren des Landes zu reorganisieren. Unter Adadnirari II. (912–891 v. Chr.) und Tukulti-Ninurta II. (891–884 v. Chr.) erweiterten die Assyrer ihr Territorium durch kriegerische Auseinandersetzungen mit den Babyloniern, den Aramäern und den im Norden Assyriens lebenden Völkern. Assurnasirpal II. (884–858 v. Chr.) gelang es als erstem neuassyrischen Herrscher bis ans Mittelmeer vorzustoßen. Er dehnte das Reich aber auch nach Norden und Osten aus. Sein Sohn Salmanassar III. (858–824/3 v. Chr.) griff in mehreren Feldzügen (u. a. 853, 849, 848, 845, 841 v. Chr.) die Aramäer und die mit ihnen verbündeten Staaten in Syrien an. An der Schlacht bei Qarqar 853 v. Chr., in der die Assyrer über eine palästinisch-syrische Koalition triumphierten, war auch der israelitische König Ahab (871–852 v. Chr.) beteiligt. 841 v. Chr. überbrachte der israelitische König Jehu dem Assyrerkönig seinen Tribut. Auf Salmanassars Regierungzeit folgte zunächst eine außenpolitische Schwächeperiode der Assyrer.

Mit Tiglat-Pileser III. (745–727 v. Chr.) begann eine neue Blütezeit in der neuassyrischen Geschichte. Nach einer Unterwerfung Babyloniens im Süden und mehreren Feldzügen gegen Urartu/Ararat im Norden richtete er sein Augenmerk zunehmend auf Syrien und Palästina. 743–740 v. Chr. belagerte und eroberte er Arpad in Nordsyrien. Nach einem erfolglosen Aufstand einer syrisch-palästinensischen Koalition waren seit 738 v. Chr. die Fürsten von Karkemisch, Damaskus, Israel (König Menahem, 747–738 v. Chr.), Tyrus, Byblos und Arabien tributpflichtig. Im Verlauf der Feldzüge der Jahre 734–732 v. Chr. nach Südsyrien und Palästina (vgl. Karte 6) wandelte Tiglat-Pileser Teile des Nordreichs in assyrische Provinzen um; auch das bis dahin im Schatten des weltgeschichtlichen Interesses liegende Juda wurde tributpflichtig. Sein Sohn Salmanassar V. (727–722 v. Chr.) belagerte schließlich Samaria, das nach seinem Tod von seinem Nachfolger Sargon (722–705 v. Chr.) eingenommen wurde. Sargon gelang es, Urartu/Ararat wieder dem assyrischen Reich zuzuschlagen. Er widmete sich aber auch dem Ausbau seiner neuen Hauptstadt Dur-Scharukkin (Sargonsburg) nördlich von Assur.

Sanherib (705–681 v. Chr.) musste 701 v. Chr. noch einmal gegen das aufständische Juda ziehen, konnte aber nach großen Erfolgen im gesamten Land die Hauptstadt Jerusalem nicht erobern. Daneben war er in mehreren Feldzügen gegen Babylonien erfolgreich. 689 v. Chr. zerstörte er Babylon. In Assyrien baute er nun Ninive zur neuen Hauptstadt aus.

Unter Asarhaddon (681–669 v. Chr.) dehnte sich das assyrische Territorium bis zum Nildelta aus. Assurbanipal (ca. 669–630 v. Chr.) gelang es sogar kurzfristig, das in Ägypten gelegene Theben (= No-Amon) zu erobern. Innen- und außenpolitische Probleme führten jedoch zu einer Schwächung des Assyrerreiches, das sich nach dem Tod Assurbanipals nur noch kurze Zeit halten konnte.

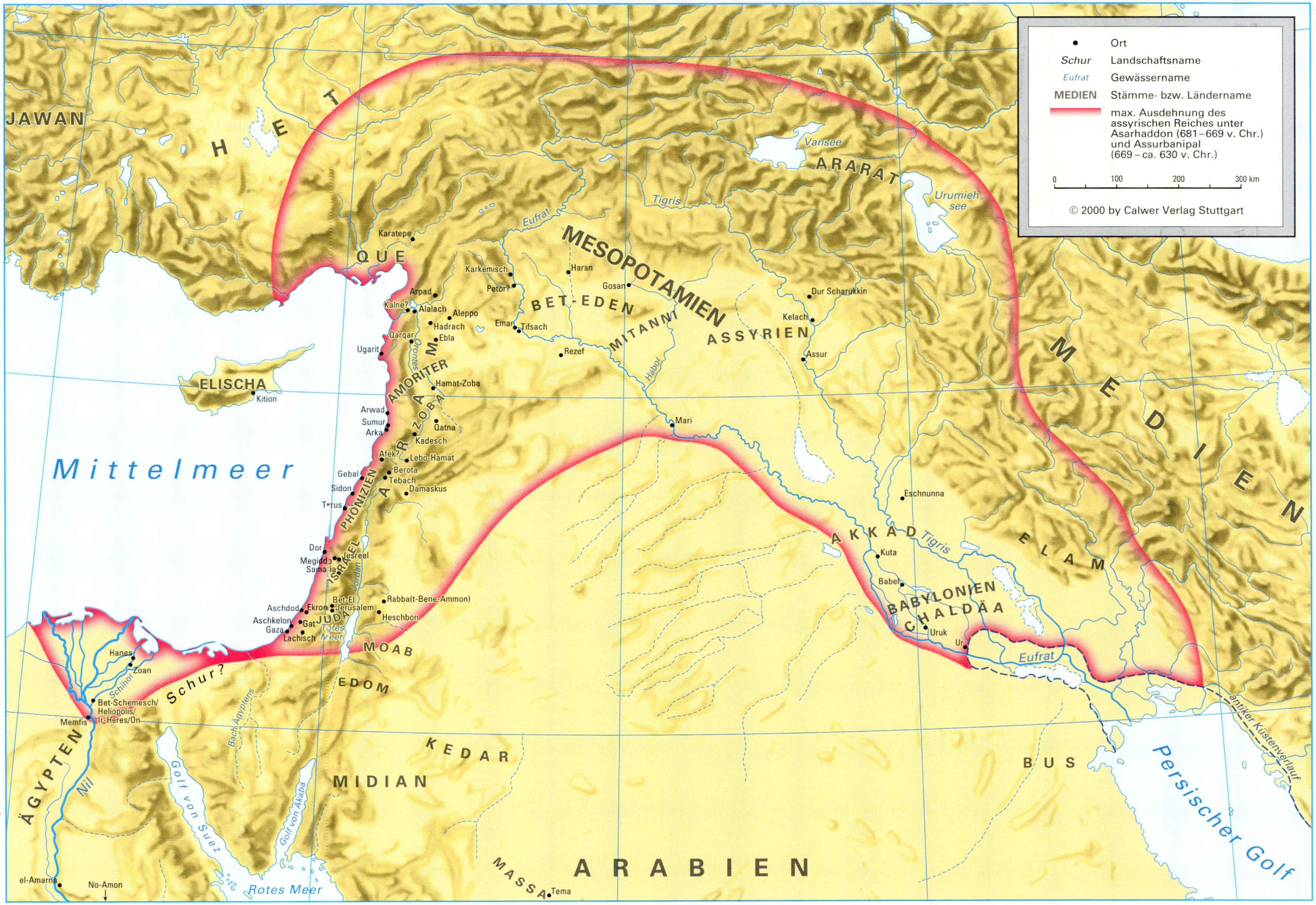

Ort
Schur Landschaftsname
Eufrat Gewässername
MEDIEN Stämme- bzw. Ländername
max. Ausdehnung des assyrischen Reiches unter Asarhaddon (681–669 v. Chr.) und Assurbanipal (669 – ca. 630 v. Chr.)
0 100 200 300 km
© 2000 by Calwer Verlag Stuttgart
JAWAN
HETHITER
QUE
Karatepe
ELISCHA
Kition
Mittelmeer
MESOPOTAMIEN
BET-EDEN
MITANNI
ASSYRIEN
ARARAT
Vansee
Urumieh-see
Tigris
Eufrat
Habor
Orontes
Karkemisch
Haran
Gosan
Petor?
Arpad
Kalne?
Alalach
Aleppo
Hadrach
Ebla
Emar
Tifsach
Rezef
Qarqar
Ugarit
AMORITER
ZOBA
ARAM
Hamat-Zoba
Arwad
Sumur
Arka
Qatna
Kadesch
Afek?
Lebo-Hamat
Berota
Tebach
Gebal
Sidon
Damaskus
Tyrus
PHÖNIZIEN
Dor
Megiddo
Samaria
Jesreel
ISRAEL
Jordan
Aschdod
Ekron
Bet-El
Jerusalem
Aschkelon
Gat
JUDA
Gaza
Lachisch
Totes Meer
Rabbat(-Bene-Ammon)
Heschbon
MOAB
EDOM
Hanes
Zoan
Schihor
Schur?
Bet-Schemesch/ Heliopolis/ Ir-Heres/On
Memfis
ÄGYPTEN
Nil
el-Amarna
No-Amon
Bach Ägyptens
Golf von Suez
Golf von Akaba
Rotes Meer
KEDAR
MIDIAN
MASSA
Tema
ARABIEN
Mari
Dur Scharukkin
Kelach
Assur
MEDIEN
Eschnunna
AKKAD
Kuta
Babel
BABYLONIEN
CHALDÄA
Uruk
Ur
ELAM
BUS
Persischer Golf
antiker Küstenverlauf
D E F G H I
1 2 3 4
30° 35° 40° 45° 50°

Das babylonische Reich

umfasst die maximale Ausdehnung des Herrschaftsgebiets der Babylonier. Eingetragen sind auf dieser Karte die wichtigsten biblischen und außerbiblischen Ortslagen dieser Zeit.

Nach der Eroberung Assurs 614 v. Chr. und der assyrischen Hauptstadt Ninive 612 v. Chr. durch die Meder und Babylonier drängte diese Koalition die Assyrer weiter nach Westen und besiegte den Assyrerkönig Assurballit II. (612–605 v. Chr.) schließlich vollends. Den Babyloniern gelang es 607 v. Chr. auch noch, das ägyptische Heer, das den Assyrern zu Hilfe geeilt war, in Karkemisch zu vernichten. Damit war der Zugang nach Syrien für die Babylonier frei. Sie übernahmen in weiten Teilen die Herrschaft in der Levante, die vorher die Assyrer und dann kurzfristig die Ägypter innehatten. Gleich nach seiner Thronbesteigung zog der babylonische König Nebukadnezzar (605–562 v. Chr.) nach Westen, zerstörte 604 v. Chr. Aschkelon und blockierte somit den direkten Zugang der Ägypter nach Palästina. 601 v. Chr. griff er sogar, allerdings erfolglos, Ägypten an. Bei einem erneuten Feldzug nach Palästina eroberte er erstmals 597 v. Chr. das von Babylon abtrünnige Jerusalem. Die Oberschicht Jerusalems, darunter auch der Prophet Ezechiel (Hesekiel), wurde nach Mesopotamien zwangsumgesiedelt. Bei einem zweiten Feldzug gegen Jerusalem, durch einen neuerlichen Aufstand Judas gegen die Babylonier provoziert, wurde die judäische Hauptstadt 587 v. Chr. dem Erdboden gleichgemacht. Damit verlor auch Juda seine staatliche Selbstständigkeit.

590 v. Chr. gelang es den Medern, das Reich von Urartu/Ararat zu erobern und damit im Bergland nördlich von Mesopotamien ihre Vormachtstellung zu festigen. Der Tod Nebukadnezzars führte in Babylon zu inneren Unruhen. Erst Nabonid (556–539 v. Chr.) gelang es wieder für einen längeren Zeitraum die Königswürde innezuhaben. Allerdings war unter seiner Herrschaft der Höhepunkt der babylonischen Machtentfaltung schon überschritten. Innerhalb des babylonischen Kerngebietes widmete er sich religiösen Bauprogrammen. Als es ihm nicht gelang, die inneren Spannungen in seinem Reich unter Kontrolle zu bringen, übertrug er 548 v. Chr. die Herrschaft in Babylon dem Kronprinzen Belscharusur (biblisch Belschazzar bzw. Belsazer). Er selbst zog sich für den Rest seiner Regierungszeit in die arabische Oase Tema zurück.

Als neue politische Macht traten nun die Perser (vgl. Karte 10) auf. 539 v. Chr. wurden sie von der Priesterschaft Babylons, die König Nabonid gegenüber feindlich gesinnt war, zum Einmarsch in Babylon aufgefordert. Mit der ungehinderten Einnahme der babylonischen Hauptstadt durch den Perserkönig Kyros II. fand das neubabylonische Reich sein Ende.

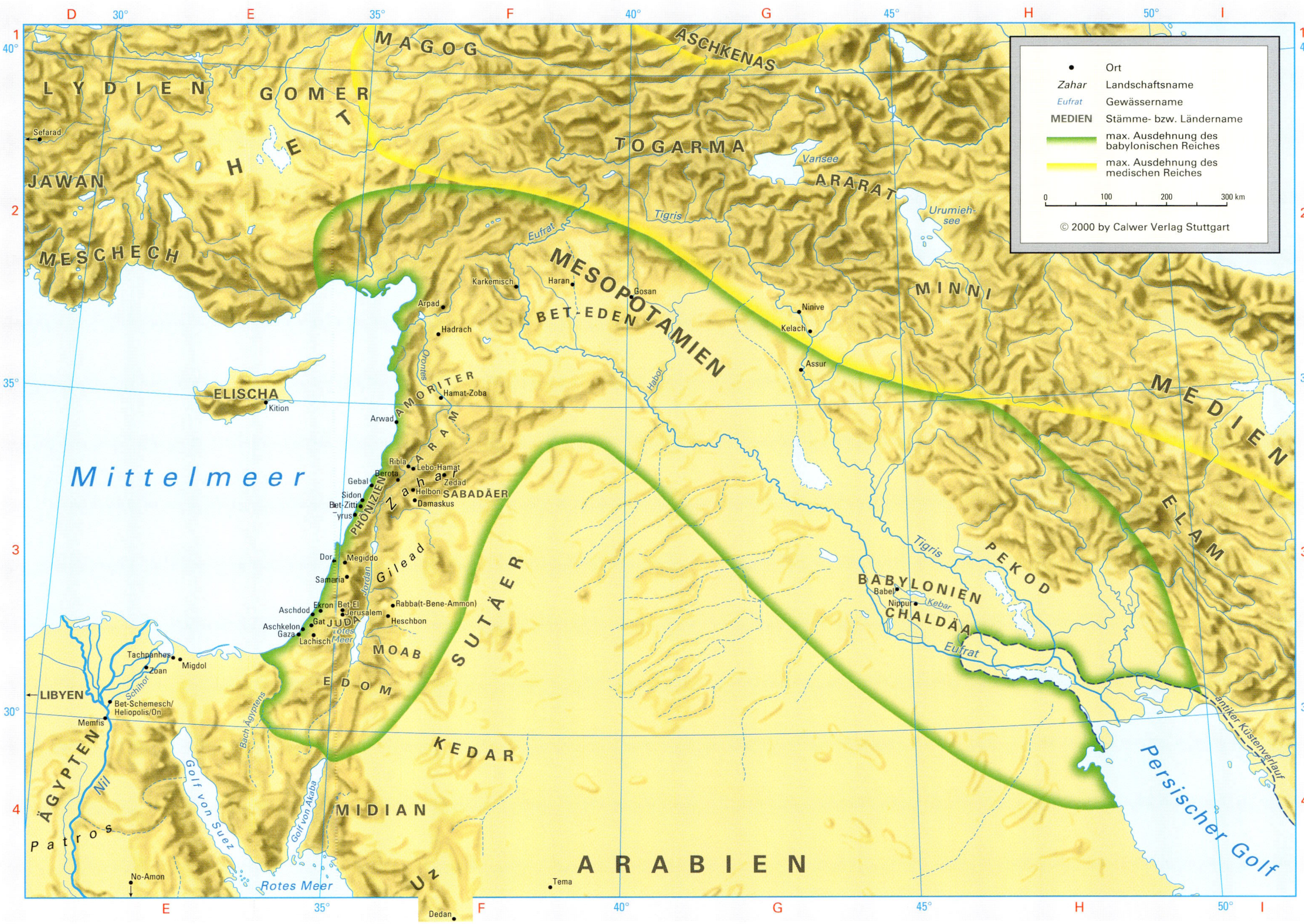

Ort
Zahar Landschaftsname
Eufrat Gewässername
MEDIEN Stämme- bzw. Ländername
max. Ausdehnung des babylonischen Reiches
max. Ausdehnung des medischen Reiches
0 100 200 300 km
© 2000 by Calwer Verlag Stuttgart
MAGOG
ASCHKENAS
LYDIEN
GOMER
HETT
TOGARMA
ARARAT
JAWAN
MESCHECH
Sefarad
Vansee
Urumieh-see
Tigris
Eufrat
MESOPOTAMIEN
BET-EDEN
MINNI
MEDIEN
ELAM
PEKOD
BABYLONIEN
CHALDÄA
Karkemisch
Haran
Gosan
Ninive
Kelach
Assur
Arpad
Hadrach
Orontes
AMORITER
Hamat-Zoba
Arwad
ARAM
Ribla
Lebo-Hamat
Zahar
Zedad
Gebal
Berota
Sidon
Bet-Zitti
Tyrus
PHÖNIZIEN
Helbon
SABADÄER
Damaskus
Habor
Mittelmeer
ELISCHA
Kition
Dor
Megiddo
Samaria
Gilead
Jordan
Aschdod
Ekron
Bet-El
Jerusalem
Rabba(t-Bene-Ammon)
Aschkelon
Gaza
Gat
JUDA
Heschbon
Lachisch
Totes Meer
MOAB
EDOM
SUTÄER
KEDAR
Babel
Nippur
Kebar
Eufrat
antiker Küstenverlauf
Persischer Golf
Tachpanhes
Migdol
Zoan
Schihor
LIBYEN
Bet-Schemesch/ Heliopolis/On
Memfis
ÄGYPTEN
Nil
Patros
Bach Ägyptens
Golf von Suez
Golf von Akaba
MIDIAN
Rotes Meer
No-Amon
Uz
Dedan
Tema
ARABIEN
D
E
F
G
H
I
1
2
3
4
30°
35°
40°
45°
50°

Das persische Reich

Die Karte beschreibt die maximale Ausdehnung des achämenidischen bzw. persischen Herrschaftsgebietes. Außerhalb Palästinas sind in dieser Karte auch all jene Ortschaften eingetragen, die sich in späteren Schriften, vor allem in den Makkabäerbüchern und sonstigen apokryphen Schriften des Alten Testaments, finden.

Dem Perserkönig Kyros II. (559–530 v. Chr.), der zunächst als Vasall der Meder regierte, gelang es 549 v. Chr., die medische Hauptstadt Ekbatana einzunehmen. Dies war der Ausgangspunkt für die Ausgestaltung eines Reiches von bislang unbekannter Größe. 546 v. Chr. drang er in Anatolien ein und besiegte den Lyderkönig Krösus. 539 v. Chr. eroberte er Babylon und übernahm damit das babylonische Reich. Anders als die Assyrer und Babylonier verfolgte er eine weitgehend tolerante Politik gegenüber den unterworfenen Völkern. Für die in Mesopotamien angesiedelten Judäer erfüllte sich mit der Eroberung Babylons die Hoffnung auf eine Möglichkeit zur Rückkehr in das Gelobte Land. Allerdings scheint sich diese Rückkehr nur recht schleppend über einen Zeitraum von ca. 100 Jahren hinweg vollzogen zu haben.

Kambyses II. (530–522 v. Chr.) gelang es 525 v. Chr. Ägypten zu erobern und somit das Perserreich auch in dieser Richtung auszudehnen. Unter Darius I. (522–486 v. Chr.) erreichte das Reich seine volle Blüte. 520 v. Chr. ordnete er das riesige Territorium neu, indem er es in 20 Satrapien (Verwaltungsbezirke) einteilte. Das syrisch-palästinische Gebiet südlich des Eufrats umfasste die 5. Satrapie, Ägypten stellte die 6. Satrapie. 513 v. Chr. dehnte er das Reich nach Norden hin aus und kämpfte gegen die Skythen. Nach Westen gelang ihm die Ausweitung bis nach Thrazien und Makedonien. Im Kampf gegen die Griechen, die sich der Einvernahme erwehrten, starb Darius. Seinem Sohn Xerxes I. (486–465/4 v. Chr.) gelang zunächst die Eroberung Athens und die Plünderung der Akropolis. Im weiteren Verlauf der kriegerischen Auseinandersetzung mussten die Perser jedoch schwere Niederlagen auf dem Land und zur See erleiden. Es kam zu einem Friedensschluss mit genauer Abgrenzung des persischen und des griechischen Territoriums.

Während der Regierungszeit von Darius II. (424–404 v. Chr.) wurde 410 v. Chr. auf der Nilinsel Elephantine gegenüber von Syene der Jahwetempel der dort angesiedelten judäischen Söldnertruppe von Ägyptern zerstört. In einem Briefwechsel erlaubten die Jerusalemer den Juden in Elephantine den Wiederaufbau des Tempels.

404 v. Chr. befreite sich Ägypten von der persischen Oberhoheit. Erst Artaxerxes III. (359/8–338 v. Chr.) gelang es nochmals, Ägypten unter persische Kontrolle zu bringen (bis 332 v. Chr.).

338 v. Chr. errang Philipp von Makedonien die Vorherrschaft in Griechenland. Seinem Sohn Alexander dem Großen (336–323 v. Chr.) gelang es, das griechische Staatswesen in seiner Hand zu vereinigen. 334 v. Chr. eroberte er zunächst die Küstenstädte Kleinasiens, 333 v. Chr. besiegte er bei Issos den Perserkönig Darius III. (336–331 v. Chr.). Von nun an war Alexander neuer Herrscher von Syrien, Palästina und auch Ägypten. 331 v. Chr. besiegte er am Tigris Darius III. schließlich vernichtend; er eroberte Babylon, Persepolis und Susa und zerschlug damit das Perserreich.

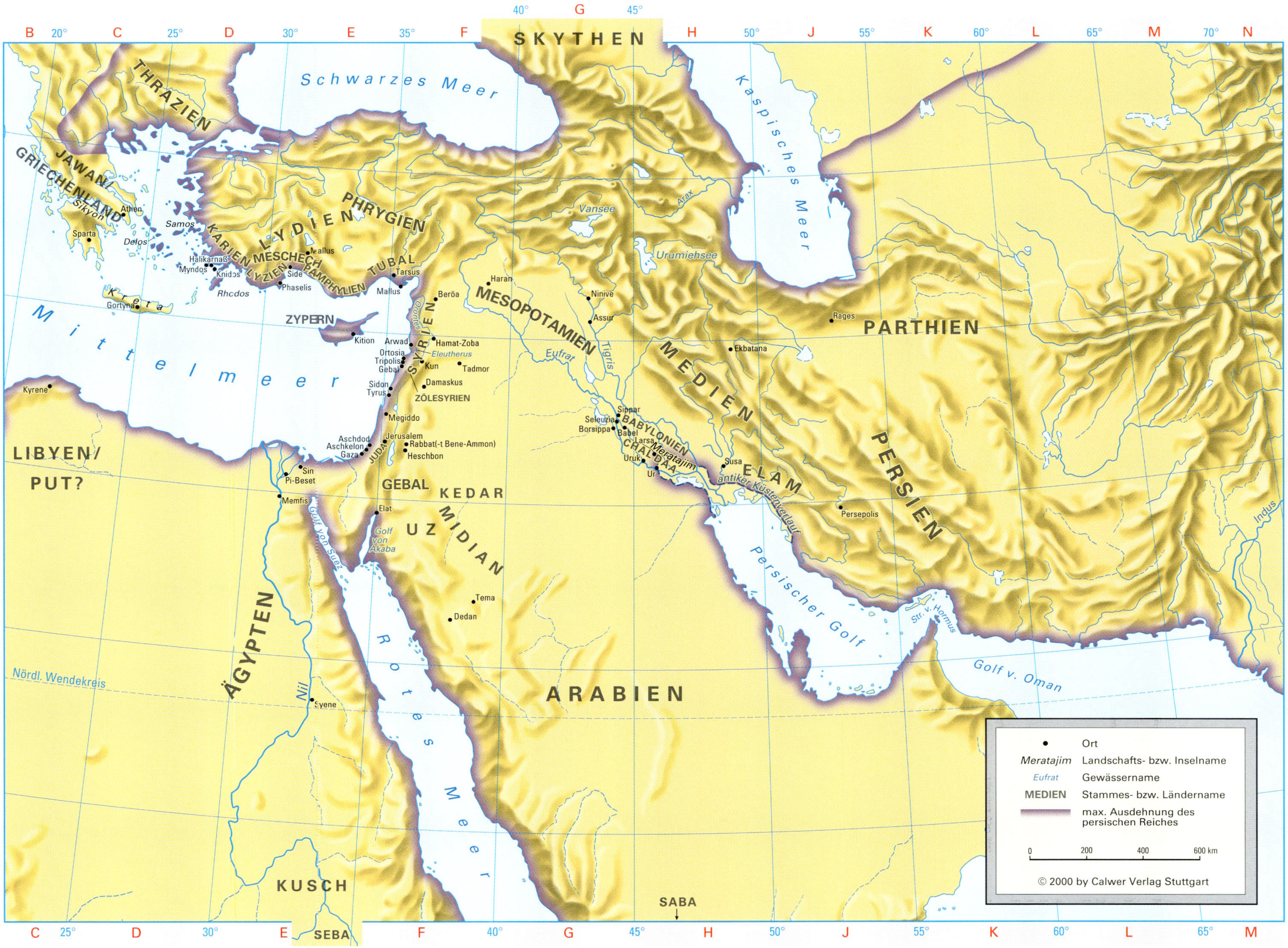
SKYTHEN
THRAZIEN
JAWAN/
GRIECHENLAND
Sikyon
Athen
Sparta
Delos
Samos
Kreta
Gortyna
Rhodos
Halikarnaß
Myndos
Knidos
KARIEN
LYDIEN
MESCHECH
Mallus
LYZIEN
Side
Phaselis
PAMPHYLIEN
PHRYGIEN
TUBAL
Tarsus
Mallus
ZYPERN
Kition
Schwarzes Meer
Mittelmeer
Kyrene
LIBYEN/
PUT?
Haran
Beröa
MESOPOTAMIEN
Orontes
SYRIEN
Arwad
Hamat-Zoba
Eleutherus
Ortosia
Tripolis
Gebal
Kun
Tadmor
Damaskus
Sidon
Tyrus
ZÖLESYRIEN
Megiddo
Jerusalem
Rabbat(-t Bene-Ammon)
Heschbon
Aschdod
Aschkelon
Gaza
JUDA
Sin
Pi-Beset
Memfis
GEBAL
KEDAR
Elat
Golf von Akaba
UZ
MIDIAN
Golf von Suez
Tema
Dedan
ÄGYPTEN
Nil
Syene
Nördl. Wendekreis
Rotes Meer
KUSCH
SEBA
Vansee
Arax
Urumiehsee
Kaspisches Meer
Ninive
Assur
Tigris
Eufrat
Sippar
Seleuzia
Borsippa
Babel
BABYLONIEN
Larsa
Meratajim
CHALDÄA
Uruk
Ur
Susa
ELAM
antiker Küstenverlauf
MEDIEN
Ekbatana
Rages
PARTHIEN
PERSIEN
Persepolis
Persischer Golf
Str. v. Hormus
Golf v. Oman
Indus
ARABIEN
SABA
Ort
Meratajim Landschafts- bzw. Inselname
Eufrat Gewässername
MEDIEN Stammes- bzw. Ländername
max. Ausdehnung des persischen Reiches
0 200 400 600 km
© 2000 by Calwer Verlag Stuttgart

Die persische Provinz Juda
Die Völkertafel 1. Mose 10

Karte 11a: 538 v. Chr. ergab sich die Möglichkeit zur Rückkehr aus dem babylonischen Exil (vgl. das Kyros-Edikt Esra 1,2–4). Zunächst kehrten nur relativ wenige der in Mesopotamien angesiedelten Judäer zurück. Erst ab 520 v. Chr. nahm die Zahl der Heimkehrer ins Land der Väter zu; die Rückkehr dauerte aber in den kommenden Jahrzehnten noch an. Viele der ehemals Deportierten hatten inzwischen in Mesopotamien eine neue Existenz gegründet und sahen daher keinen dringenden Grund, in das verwüstete Land ihrer Väter zurückzukehren. Die exilierte Oberschicht, die in der mesopotamischen Diaspora ein eigenständiges Selbstbewusstsein und eine von priesterlichen Vorstellungen geprägte Theologie ausgebildet hatte, traf in Palästina auf die dort noch immer ansässige Unterschicht, deren theologisches Gedankengut gleichfalls weiterentwickelt worden war. Die Rückkehr der Exilierten führte somit nicht nur zu wirtschaftlichen und sozialen, sondern auch zu religiösen Konfrontationen. Politisch war Juda in den ersten Jahrzehnten der Perserherrschaft dem Statthalter in Samaria unterstellt. Im Süden war das Gebiet Judas gegenüber der vorexilischen Zeit stark begrenzt worden und reichte nur noch bis Bet-Zur. 520 v. Chr. wurde in Jerusalem mit dem Bau des Tempels begonnen, der an die Stelle der 587 v. Chr. zerstörten Tempelanlage trat; er wurde 515 v. Chr. fertiggestellt. Von 445–433 v. Chr. wirkte Nehemia als vom Perserkönig beauftragter Statthalter in Jerusalem. Er führte einige religiöse und wirtschaftliche Reformen durch, organisierte den Wiederaufbau der Stadtmauer in Jerusalem und verwirklichte die Selbstständigkeit der Provinz Yehud/Juda.

In die Karte 11a wurden die Ortslagen der Prophetenbücher dieser Zeit, der Bücher Esra und Nehemia sowie diejenigen Orte der beiden Chronikbücher (ohne 2. Chronik 11,5–12) eingetragen, die sich nicht in der parallelen Überlieferung des deuteronomistischen Geschichtswerkes (Bücher Josua bis 2. Könige) finden. Hierbei handelt es sich in der Regel um Namensgut, das aus nachexilischer Zeit stammt.

Karte 11b: Die Völkertafel 1. Mose 10 wurde aus Texten unterschiedlicher Herkunft und Datierung zusammengesetzt. Einen Grundbestand bildet die Darstellung der Priesterschrift (1. Mose 1–7.20.22f.26–29.31 f.), die das gesamte Gebiet des Vorderen Orients den Nachkommen der drei Söhne Noachs Sem, Ham und Jafet zuordnet. Grundlegend für die jeweilige Zuordnung waren unterschiedliche Sprachfamilien und geographisch-politische Zusammengehörigkeiten. Die gesamte damalige Welt sollte durch diese priesterschriftliche Völkertafel als geordnet ausgewiesen werden. Hinzu kommen einige ältere ähnlich angeordnete Listen, die mit der priesterschriftlichen Völkertafel kombiniert wurden, sowie vereinzelte jüngere Ergänzungen. Der gesamte Text von 1. Mose 10 spiegelt das geographische Wissen biblischer Gelehrter und ist damit ein Zeugnis antiker Wissenschaft.

Die persische Provinz Juda

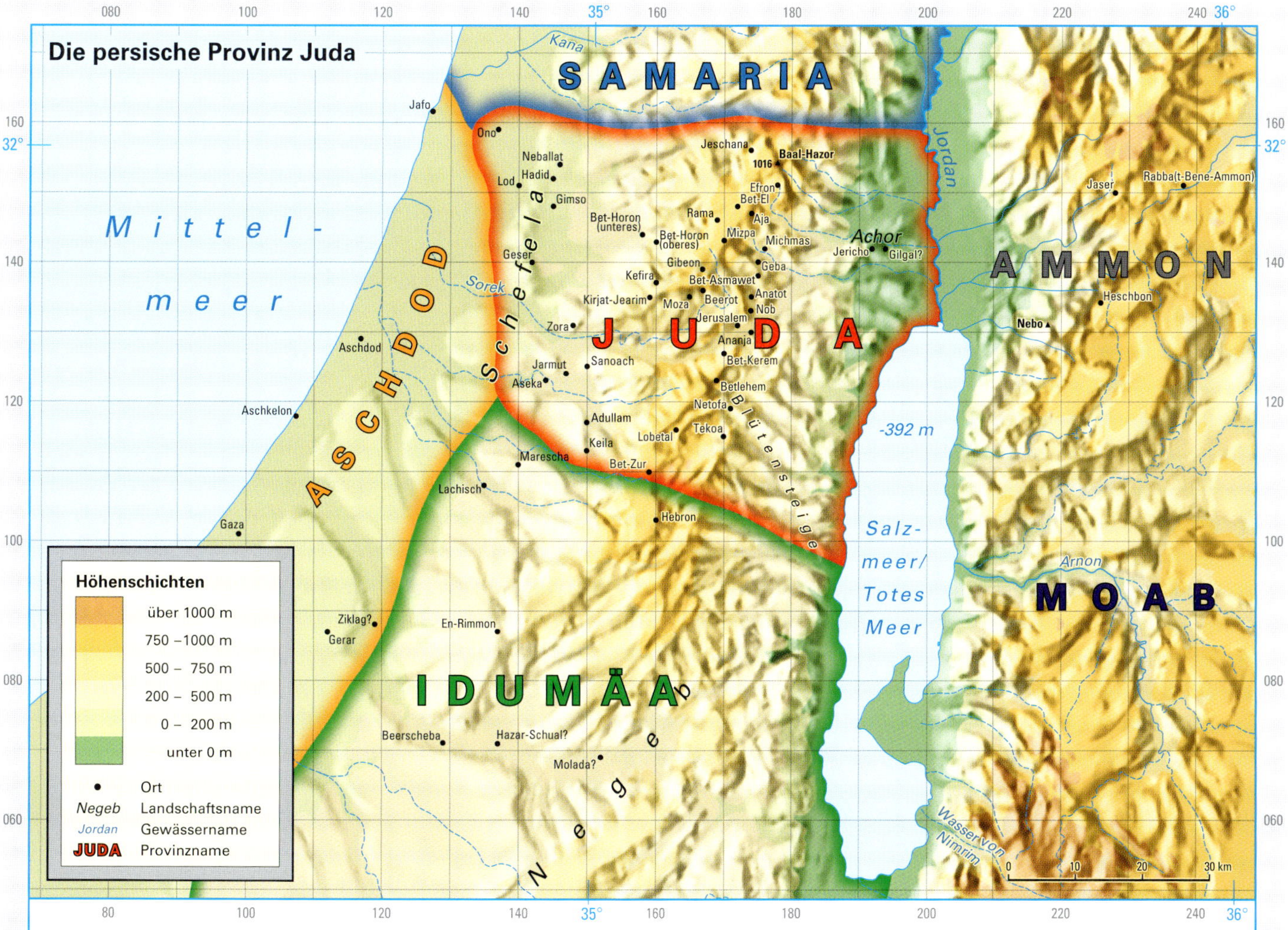

Die Völkertafel 1. Mose 10

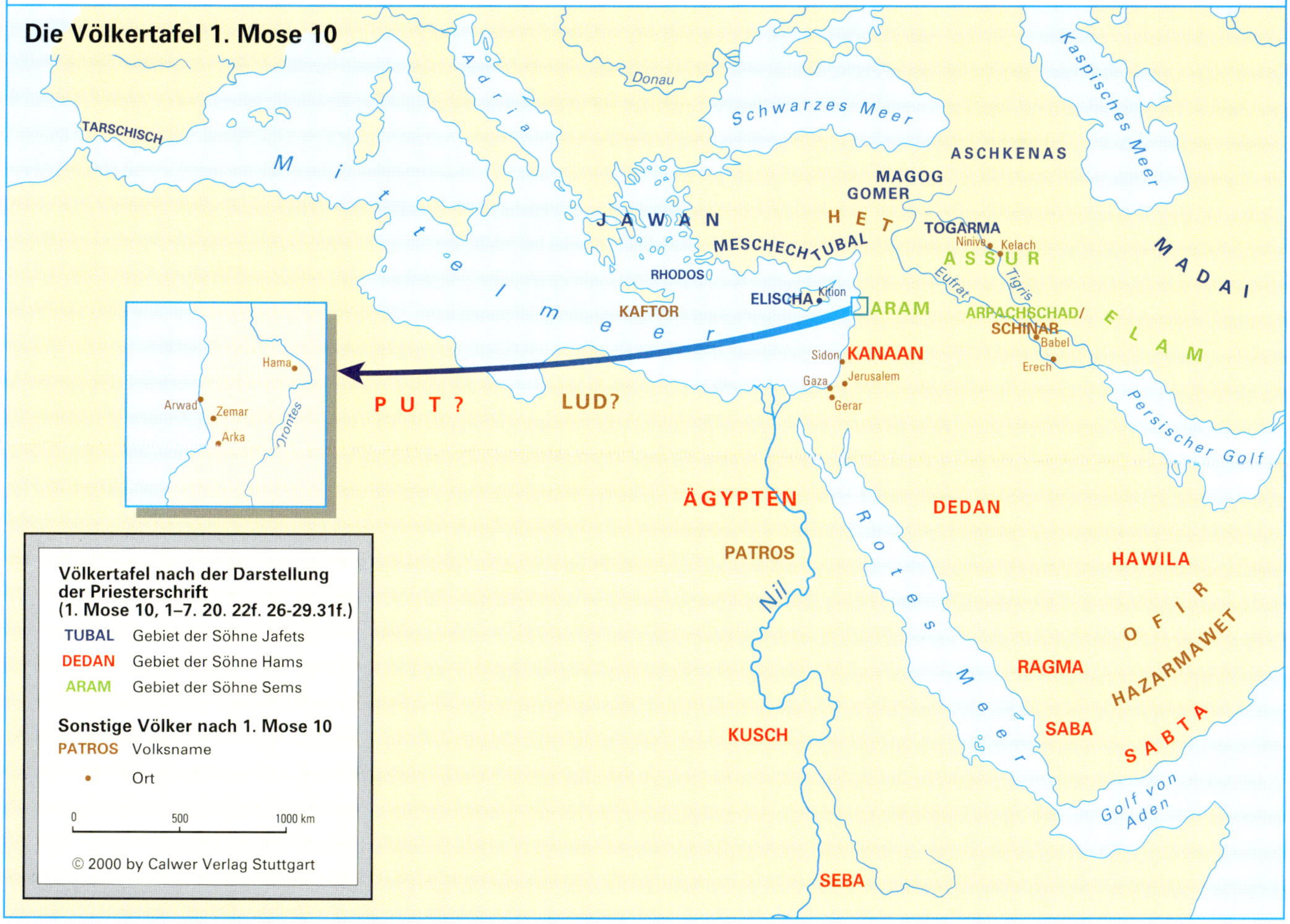

Palästina in der Seleukiden- und Makkabäerzeit

Vermittelt wird ein Überblick über die Entwicklung vom späten 3. Jahrhundert bis zum 1. Jahrhundert v. Chr. In die Karte eingetragen sind die Ortsnamen der zwischentestamentlichen Bücher (Apokryphen) und der Zenonpapyri. Besonders gekennzeichnet ist die zunehmende Ausdehnung des Herrschaftsbereichs der Makkabäer.

Nach dem Tode Alexanders des Großen 323 v. Chr. wurde sein Großreich unter seinen Generälen aufgeteilt. Ägypten, Zölesyrien (wozu auch Judäa gehörte) und Phönizien fielen zunächst den Ptolemäern zu, während die Seleukiden über Mesopotamien und Persien regierten. In den Jahren 259–258 v. Chr. unternahm der im Dienst des ägyptischen Finanzministers stehende Verwaltungsbeamte Zenon eine Reise nach Palästina. Die von seiner Korrespondenz erhaltenen Papyri erlauben einen Einblick in die wirtschaftliche Situation Palästinas in dieser Zeit. Kulturell lässt sich für diese Epoche eine zunehmende Hellenisierung insbesondere der städtischen Oberschicht beobachten.

199–198 v. Chr. verloren die Ptolemäer Judäa an die Seleukiden. 170–169 v. Chr. führte Antiochus IV. Epiphanes (175–164 v. Chr.) einen weiteren Feldzug gegen die Ptolemäer durch, eroberte Unterägypten und ließ sich zum ägyptischen König krönen. Auf dem Rückweg zog er in Jerusalem ein, wandelte den Altar des Tempels in einen Altar für den griechischen Gott Zeus Olympios um und verschleppte die Tempelschätze nach Antiochia. Er verbot den traditionellen Jahweglauben und setzte die Tora als Verfassung des Tempelstaates außer Kraft. Damit wollte er der prohellenistischen, vor allem von Teilen der führenden Priesterschicht unterstützten Partei zum Durchbruch verhelfen, die eine kulturelle und religiöse Öffnung des Judentums befürwortete. Dies führte zu einer innerjüdischen Aufstandsbewegung, die zunächst von Mattatias (167–166 v. Chr.), dann von seinem Sohn Judas Makkabäus (»der Hämmerer«, 166–160 v. Chr.) geführt wurde. 165 v. Chr. gelang Judas ein erster Sieg über die seleukidischen Truppen, 164 v. Chr. besetzte er den Tempel und führte dessen Reinigung und Neuweihe durch. In harten Auseinandersetzungen mit den prohellenistisch orientierten Judäern, unterstützt durch innerseleukidische Streitigkeiten, gelang es den Makkabäern, Judäa zunehmend unter ihre Kontrolle zu bringen.

141 v. Chr. erkannte die Volksversammlung Simon Makkabäus (142–134 v. Chr.) als »Hohenpriester, Feldherrn und Volksfürsten« an, ein Titel, der ihm bereits im Jahr zuvor von dem Seleukidenherrscher zuerkannt worden war. Damit stellten die Hasmonäer, wie die Makkabäer nun genannt wurden, die hohepriesterliche und fürstliche Dynastie in Judäa, d.h. sie hatten sowohl die religiöse als auch die politische Führung inne. Diese Dynastiebildung hatte bis zum Herrschaftsantritt Herodes' des Großen 37 v. Chr. Bestand. Das Reich wurde nun zunehmend in kriegerischen Zügen in alle Himmelsrichtungen ausgeweitet.

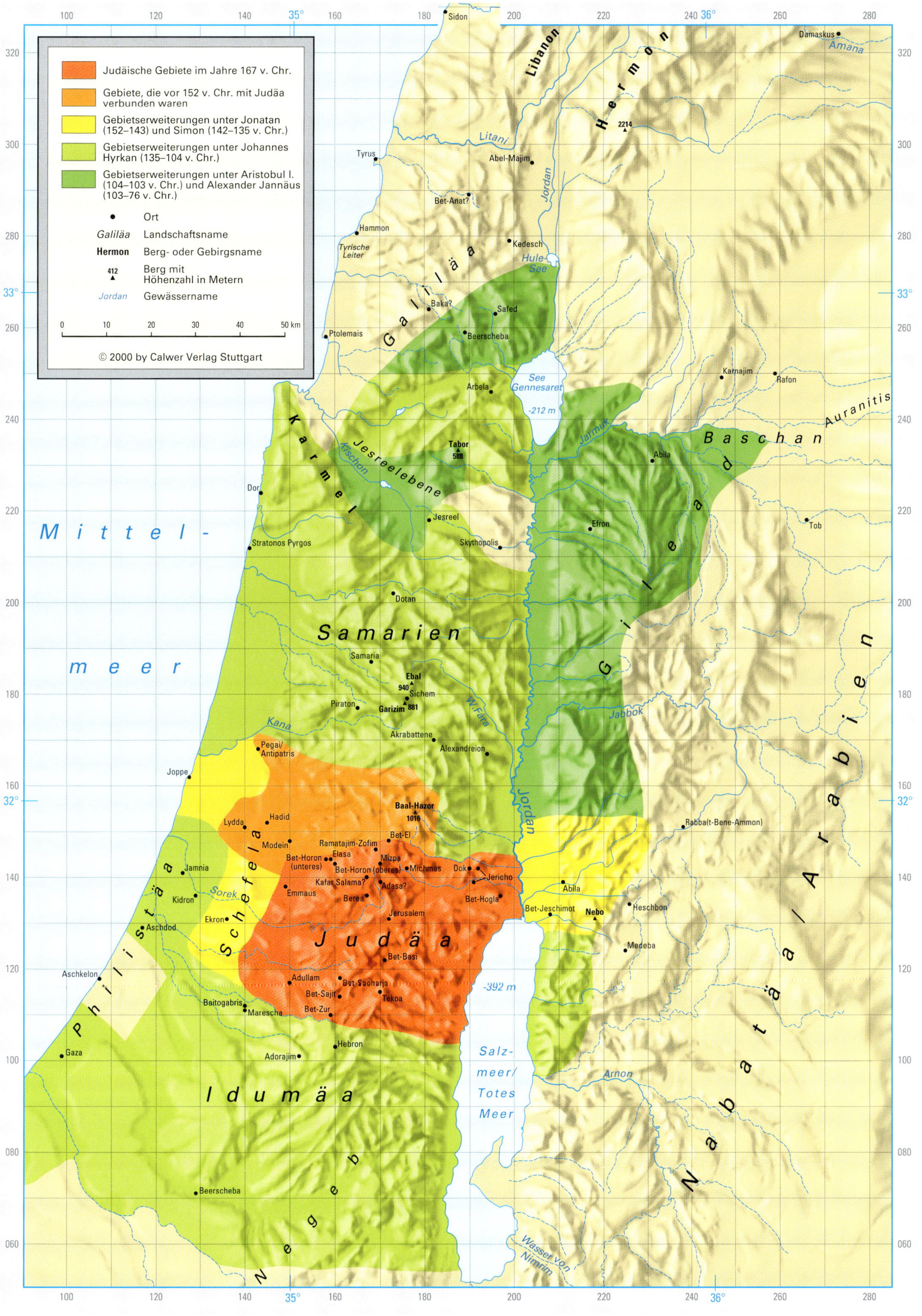

Judäische Gebiete im Jahre 167 v. Chr.
Gebiete, die vor 152 v. Chr. mit Judäa verbunden waren
Gebietserweiterungen unter Jonatan (152–143) und Simon (142–135 v. Chr.)
Gebietserweiterungen unter Johannes Hyrkan (135–104 v. Chr.)
Gebietserweiterungen unter Aristobul I. (104–103 v. Chr.) und Alexander Jannäus (103–76 v. Chr.)
Ort
Galiläa Landschaftsname
Hermon Berg- oder Gebirgsname
412 Berg mit Höhenzahl in Metern
Jordan Gewässername
0 10 20 30 40 50 km
© 2000 by Calwer Verlag Stuttgart
Sidon
Damaskus
Amana
Libanon
Hermon
2214
Litani
Tyrus
Abel-Majim
Jordan
Bet-Anat?
Hammon
Tyrische Leiter
Kedesch
Hule-See
Galiläa
Baka?
Safed
Ptolemais
Beerscheba
Karnajim
Rafon
Arbela
See Gennesaret
-212 m
Auranitis
Karmel
Jesreelebene
Kischon
Tabor
588
Jarmuk
Baschan
Abila
Dor
Jesreel
Efron
Tob
Mittel-
meer
Stratonos Pyrgos
Skythopolis
Gilead
Dotan
Samarien
Samaria
Ebal
940
Sichem
Piraton
Garizim
881
W. Fara
Kana
Jabbok
Akrabattene
Alexandreion
Pegai/Antipatris
Joppe
Baal-Hazor
1016
Lydda
Hadid
Rabba(t-Bene-Ammon)
Modein
Ramatajim-Zofim
Bet-El
Elasa
Bet-Horon (unteres)
Mizpa
Bet-Horon (oberes)
Michmas
Dok
Jericho
Jamnia
Schefela
Kafar Salama?
Adasa?
Abila
Emmaus
Sorek
Kidron
Berea
Bet-Hogla
Bet-Jeschimot
Nebo
Heschbon
Ekron
Jerusalem
Aschdod
Judäa
Medeba
Bet-Basi
Aschkelon
Adullam
Bet-Sacharja
-392 m
Bet-Sajit
Tekoa
Baitogabris
Marescha
Bet-Zur
Philistäa
Hebron
Gaza
Adorajim
Salz-meer/Totes Meer
Arnon
Idumäa
Nabatäa/Arabien
Negeb
Beerscheba
Wasser von Nimrim
35°
36°
33°
32°

Palästina unter Herodes dem Großen

Die Karte zeigt das Reich, über das Herodes der Große (37–4 v. Chr.) herrschte. 63 v. Chr. wurde Syrien-Palästina von den Römern erobert, die jedoch dem jüdischen Hohenpriester Hyrkan II. (63–40 v. Chr.) eine weitgehende innenpolitische Unabhängigkeit ließen. 40 v. Chr. fielen die Parther nach Palästina ein und setzten Hyrkan II. ab. Herodes, der bis dahin als römischer Gesandter für Galiläa zuständig war, floh nach Rom und ließ sich dort vom römischen Senat zum »verbündeten König von Judäa« ernennen. Anschließend gelang es ihm mit römischer Hilfe, die Parther zurückzuschlagen. Durch die Freundschaft mit den Römern erhielt er während seiner Regierungszeit neben den ohnehin zu seinem Reich gehörenden Gebieten Idumäa, Judäa, Peräa, Samaria und Galiläa auch noch die im Nordosten gelegenen Landschaften Batanäa, Trachonitis, Gaulanitis und Auranitis. Selbstständig blieb dagegen die Dekapolis (»Zehnstämmegebiet«), ein Bund von ca. 10 (die genaue Zahl der Städte schwankte im Laufe der Geschichte geringfügig) griechisch geprägten Städten vorwiegend im mittleren und nördlichen Ostjordanland. Sie erhielten 63 v. Chr. von den Römern Sonderrechte, die eine weitgehende politische Unabhängigkeit bedeuteten. Abgesehen von diesen Territorien war das von Herodes kontrollierte Gebiet noch einmal eine Anknüpfung an das davidisch-salomonische Großreich. Nach dem Tode Herodes des Großen im Jahre 4 v. Chr. wurde sein Großreich unter seinen drei Söhnen aufgeteilt. Archelaus (4 v. Chr.–6 n. Chr.) erhielt Judäa, Samaria und Idumäa, Herodes Antipas (4 v. Chr.–39 n. Chr.) wurde Galiläa und Peräa zugeteilt, und Philippus (4 v. Chr.–34 n. Chr.) bekam die im Nordosten gelegenen Regionen. Zudem entschied der römische Kaiser, dass keiner der Herodessöhne weiterhin den Königstitel tragen dürfe, um Streitigkeiten untereinander zu vermeiden. Östlich und südlich der Dekapolis lag der Einflussbereich der Nabatäer, die vor allem den Handel auf der Weihrauchstraße kontrollierten und damit Geld und Einfluss mehrten.

In diese Karte wurden auch die bei dem jüdischen Historiker Flavius Josephus (37/38–ca. 100 n. Chr.) erwähnten Orte eingezeichnet. Seine Lebensbeschreibung sowie seine Bücher »Der jüdische Krieg« und »Jüdische Altertümer« sind eine wichtige Quelle für die Geschichte der spätnachexilischen Zeit. Sie spiegeln die Sichtweise eines jüdischen Geschichtsschreibers des 1. Jahrhunderts n. Chr. wider.

max. Ausdehnung des Reiches Herodes' d. Gr.
Ethnarchie des Archelaos 4 v. Chr.–6 n. Chr.
Tetrarchie des Herodes Antipas 4 v. Chr.–39 n. Chr.
Tetrarchie des Philippus 4 v. Chr.–34 n. Chr.
Mittel-meer
Abilene
Trachonitis
Gaulanitis
Batanäa
Auranitis
Galiläa
Karmel
Dekapolis
Samarien
Peräa
Judäa
Idumäa
Nabatäer
Arabien
Wüste Zin
Salz-meer/ Totes Meer
-392 m
See Gennesaret -212 m
Hule-See
Jordan
Litani
Phiale
Kischon
Jarmuk
Jabbok
Wadi Fara
Kana
Sorek
Arnon
Wasser von Nimrim
Sered
Tyrus
Tyrische Leiter
Ekdippon
Ptolemais
Sykaminos
Dor
Cäsarea (maritima)
Apollonia
Joppe
Jamnia
Aschdod
Aschkelon
Anthedon
Gaza
Rafia
Rinokorura
Chelus
Jorda?
Beerscheba
Malatha
Masada
En-Gedi
Dafne
Kedesch
Thella?
Hazor
Gischala
Meroth
Safed
Baka?
Beerscheba
Julias
Kapernaum
Seleuzia?
Sogane?
Gamala
Bathyra?
Karnajim
Rafon?
Golan?
Dion?
Alema?
Kenat?
Saab
Kabul
Selame
Sogane
Gabara
Jotapata
Kana
Asamon?
Asochis
Roma
Tarichäa
Arbela
Tiberias
Hippos
Ammathus
Bet-Maus
Sennabris
Sepphoris
Garis?
Simonias
Daberat
Tabor
588
Bet-Schearim
Kyamon
Jafia
Kislot-Tabor?
Gaba
Gadara
Abila
Efron
Bosora
Skythopolis
Ginaia
Pella
Gerasa
Samaria
Ebal
940
Neapolis
Sichem
Garizim
881
Kafarsaba
Zafon
Ragaba
Amathus
Korëa
Tirathana?
Arus?
Timnat-Serach
Akrabattene
Antipatris
Alexandreion
Anouat Borkaios
Zia
Gadara
Ramatajim?
Phasaelis
Jeschana
Baal-Hazor
Gofna
1016
Efron
Hadid
Lydda
Archelais
Bet-El
Jaser
Philadelphia
Modein
Saffo?
Bet-Horon (unteres)
Bet-Horon (oberes)
Naara?
Tyrus
Bet-Nimra
Geser
Kafar Salama?
Michmas
Dagon
Jericho
Abila
Emmaus
Gibeon
Adasa?
Kypros
Julias
Herodion?
Heschbon
Emmaus?
Gibea
Bet-Hogla
Ekron
Skopos
Jerusalem
Bet-Jeschimot
Nebo
Hyrkania
Medeba
Bet-Leptefa
Bet-Sacharja
Herodion
Kafaiora?
Salis?
Baitogabris
Tekoa
Libba
Maresha
Bet-Zur
Halhul
Kafarbis?
Kafartoba?
Mamre
Kallirhoe
Machärus
Hebron
Adoraim
Arabatha
Zoar
1035
1006
1557
1743
Hor
1336
Petra
Elat
Höhenschichten
über 1000 m
750 – 1000 m
500 – 750 m
200 – 500 m
0 – 200 m
unter 0 m
Ort
Galiläa Landschaftsname
Karmel Berg- oder Gebirgsname
588 Berg mit Höhenzahl in Metern
Jordan Gewässername
0 10 20 30 40 50 km
© 2000 by Calwer Verlag Stuttgart

Palästina zur Zeit Jesu

Dargestellt sind die im Neuen Testament erwähnten Ortslagen Palästinas. Gleichzeitig gibt sie die Verhältnisse in Palästina nach dem Tode Herodes des Großen wieder, dessen Herrschaftsgebiet unter seinen Söhnen aufgeteilt wurde (vgl. Karte 13). 6 n. Chr. wurde der Herodessohn Archelaus auf Betreiben des Volkes von Kaiser Augustus des Amtes enthoben und verbannt. Judäa und Samarien wurden eine römische Provinz, der ein Prokurator (Statthalter) vorstand. Um die Einwohnerzahl der neuen Provinz bestimmen zu können, wurde 6/7 n. Chr. eine Volkszählung von dem Legaten Quirinius, der Syrien verwaltete und seinen Amtsitz in Antiochien am Orontes hatte, organisiert (vgl. Lukas 2,1–5). Der Amtssitz des Prokurators war Cäsarea. Die Namen dieser Prokuratoren sind durch neutestamentliche und außerbiblische Texte bekannt. Zunächst wurde das Gebiet von Coponius (ca. 6–9 n. Chr.), dann von Marcus Ambibulus (9–12), Vannius Rufus (12–15) und Valerius Gratus (15–26) verwaltet. Von 26–36 n. Chr. hatte Pontius Pilatus dieses Amt inne. Ihm folgten Marcellus (36–37), Marullus (37–41), Cuspius Fadus (44–46/47), Tiberius Alexander (46/47–48), Ventidius Cumanus (48–52), Antonius Felix (52–60), Porcius Festus (60–62), Albinus (62–64) und Gessius Florus (64–66).

Trotz der einheitlichen politischen Verwaltung zerfiel das von dem Statthalter verwaltete Reich unter religiösen Gesichtspunkten in zwei Regionen. Im nördlichen Bergland lebten die Samaritaner, die sich spätestens Ende des 2./Anfang des 1. Jahrhunderts v. Chr. von dem Jerusalemer Tempel als Zentrum des Judentums losgesagt und auf dem Berg Garizim einen eigenen Tempel errichtet hatten. Als für sie maßgebliche heilige Schriften anerkannten sie nur die Tora (5 Bücher Mose), während im Judentum neben der Tora (5 Bücher Mose) zunächst auch die Prophetenbücher (wozu auch die Geschichtsbücher Josua bis 2. Könige zählen) und schließlich weitere Schriften als kanonische Schriften angesehen wurden.

Galiläa unterstand zur Zeit Jesu dem Herodes Antipas (4 v. Chr.–39 n. Chr.). Zunächst erhob dieser das von ihm wiederaufgebaute Sepphoris (siehe Karte 13) zu seiner neuen Hauptstadt. Möglicherweise arbeitete der im nahegelegenen Nazaret lebende Josef, der Vater Jesu, als Handwerker beim Wiederaufbau dieser Stadt. 26 n. Chr. errichtete Herodes Antipas dann am See Gennesaret Tiberias als neue Hauptstadt für sein Reich. Diese Stadt wurde im griechischen Stil mit großer architektonischer Pracht ausgestattet.

Im Osten bildeten die griechisch ausgerichteten und von den Römern mit Selbstverwaltungsrechten versehenen Dekapolisstädte einen eigenen Machtbereich.

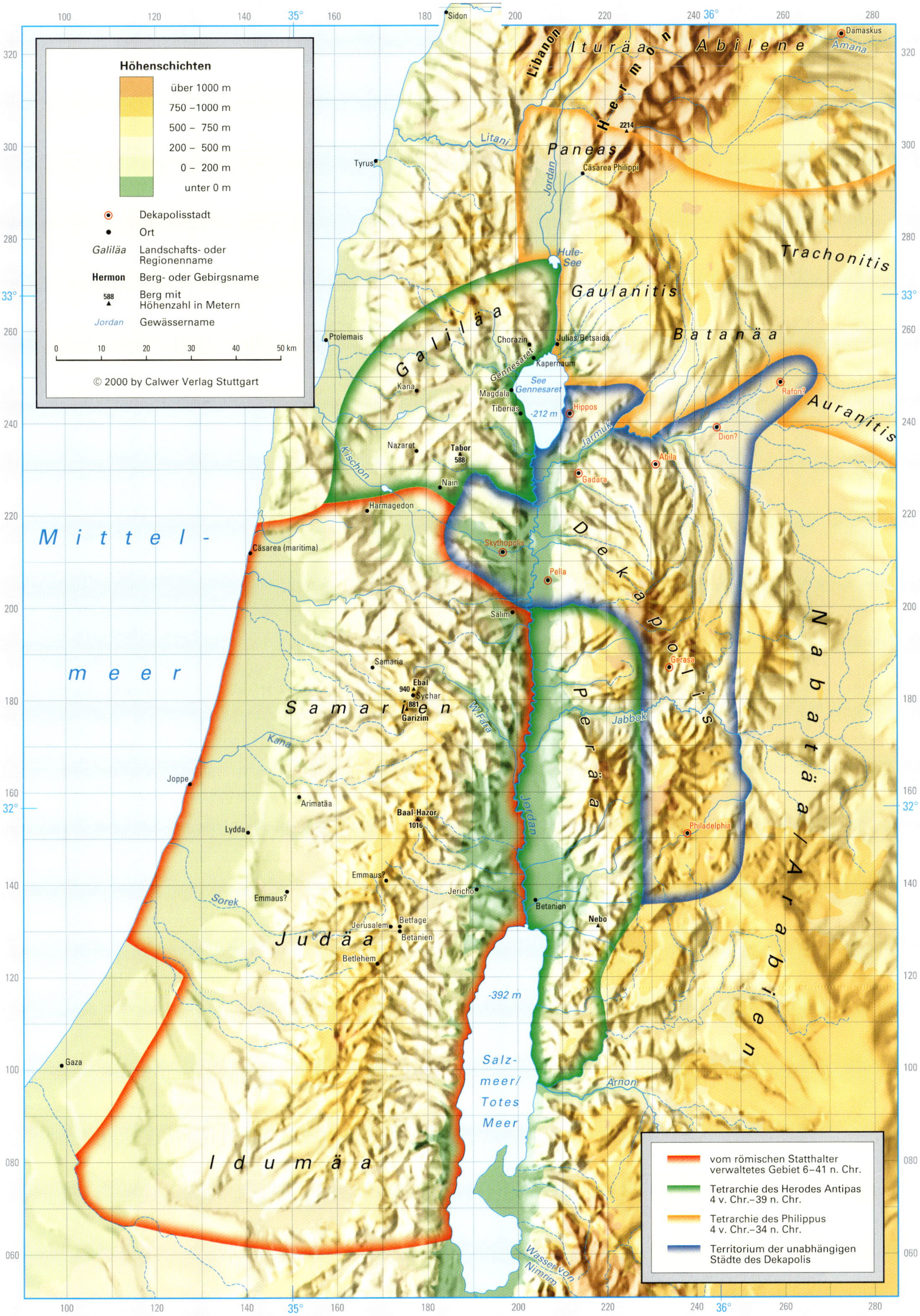

Höhenschichten
über 1000 m
750 – 1000 m
500 – 750 m
200 – 500 m
0 – 200 m
unter 0 m
Dekapolisstadt
Ort
Galiläa Landschafts- oder Regionenname
Hermon Berg- oder Gebirgsname
588 Berg mit Höhenzahl in Metern
Jordan Gewässername
0 10 20 30 40 50 km
© 2000 by Calwer Verlag Stuttgart
vom römischen Statthalter verwaltetes Gebiet 6–41 n. Chr.
Tetrarchie des Herodes Antipas 4 v. Chr.–39 n. Chr.
Tetrarchie des Philippus 4 v. Chr.–34 n. Chr.
Territorium der unabhängigen Städte des Dekapolis
Mittel-
meer
Sidon
Damaskus
Amana
Libanon
Ituräa
Abilene
Hermon
2214
Litani
Tyrus
Paneas
Cäsarea Philippi
Jordan
Trachonitis
Hule-See
Gaulanitis
Galiläa
Ptolemais
Chorazin
Julias/Betsaida
Batanäa
Gennesaret
Kapernaum
Kana
Magdala
See Gennesaret
Tiberias
-212 m
Hippos
Rafon?
Auranitis
Jarmuk
Dion?
Kischon
Nazaret
Tabor
588
Abila
Gadara
Nain
Harmagedon
Cäsarea (maritima)
Skythopolis
Dekapolis
Pella
Salim
Samaria
Ebal
940
Sychar
881
Garizim
Samarien
W. Fara
Gerasa
Peräa
Jabbok
Nabatäa/Arabien
Kana
Joppe
Arimatäa
Baal-Hazor
1016
Lydda
Philadelphia
Emmaus?
Jericho
Sorek
Emmaus?
Betanien
Nebo
Jerusalem
Betfage
Betanien
Judäa
Betlehem
-392 m
Salz-meer/Totes Meer
Gaza
Arnon
Idumäa
Wasser von Nimrim
35°
36°
33°
32°

Reisen des Paulus und Orte der frühen Christenheit

Die Karte zeigt die Ausdehnung des Christentums im 1. Jahrhundert n. Chr., soweit sich diese durch biblische Schriften (Apostelgeschichte, Briefe, Offenbarung des Johannes) erschließen lässt. Besonders vermerkt sind die in den Sendschreiben der Johannesoffenbarung erwähnten Orte Kleinasiens. Für den Verlauf der Reisen des Paulus wurde die Darstellung der Apostelgeschichte zu Grunde gelegt. Für die genaue Wegführung wurde der Verlauf des römischen Straßensystems berücksichtigt.

Paulus wurde in Tarsus an der Südostküste Kleinasiens geboren und entstammte einer dort ansässigen jüdischen Familie. Nach seiner Bekehrung zum Christentum zog er sich eine Zeitlang nach »Arabien« zurück, womit das Nabatäerreich im Ostjordanland gemeint ist. Anschließend kehrte er in seine Heimatstadt Tarsus zurück, wurde dann aber nach Antiochia in Nordsyrien geholt, wo er ein Jahr lang wirkte. Dort begann er seine erste Missionsreise (Apostelgeschichte 13,1–14,28), die ihn über Zypern und Perge in Pamphylien bis nach Antiochia, Ikonium, Lystra und Derbe brachte. Nach einiger Zeit kehrte er auf dem umgekehrten Weg, dieses Mal jedoch ohne auf Zypern Halt zu machen, zurück. Nach dem Apostelkonzil in Jerusalem begab sich Paulus auf die zweite Missionsreise (Apostelgeschichte 15,36–18,22). Dieses Mal wandte er sich auf dem Landweg zu den bereits von ihm auf der ersten Reise besuchten Orten. Nachdem er auch Phrygien und Galatien durchreist hatte, kam er über Troas auf das griechische Festland und predigte dort u. a. in Athen. Schließlich segelte er nach einem längeren Aufenthalt in Korinth über Ephesus nach Cäsarea und begab sich von dort aus zurück nach Antiochia. Auf der dritten Missionsreise (Apostelgeschichte 18,23–21,17) durchwanderte er die kleinasiatischen Landschaften Galatien und Phrygien und kam schließlich nach Ephesus, wo er sich ca. zweieinhalb Jahre aufhielt. Während dieser Zeit unternahm er eine Reise nach Korinth, wohl um Fragen bezüglich seiner Autorität zu klären. Schließlich brach er von Ephesus aus nochmals nach Griechenland auf. Der Rückweg führte ihn über Philippi und Troas nach Milet und schließlich über Rhodos und Patara nach Tyrus. Von dort aus wandte er sich nach Jerusalem, wo er im Tempel von einer wütenden Menge ergriffen und unter römischem Schutz zum Prokurator Felix nach Cäsarea gebracht wurde. Als Paulus von dem Prokurator angeklagt wurde, bestand er auf sein römisches Bürgerrecht, Berufung beim Kaiser in Rom einlegen zu können. Hierzu segelte Paulus dann in Begleitung eines Soldaten, der ihn bewachte, nach Rom (Apostelgeschichte 27,1–28,16). Dort starb er wenige Jahre später als Märtyrer.

Höhenschichten
über 2000 m
1000 – 2000 m
500 – 1000 m
200 – 500 m
0 – 200 m
unter 0 m
1. Missionsreise des Paulus
2. Missionsreise des Paulus
3. Missionsreise des Paulus
Reise nach Rom
Ort
Ortslage der Sendschreiben der Johannesoffenbarung
0 50 100 150 200 250 300 km
© 2000 by Calwer Verlag Stuttgart
ITALIEN
Tiber
Rom
Tres Tabernae
Forum Appii
Puteoli
Tyrrhenisches Meer
Adria
Dalmatien
Illyrien
Donau
Schwarzes Meer
Bosporus
Marmarameer
Mazedonien
GRIECHEN-LAND
Philippi
Neapolis
Apollonia
Amphipolis
Thessalonich
Beröa
Samothrake
Dardanellen
Troas
Assos
Adramyttium
Mysien
Lesbos
Mitylene
Pergamon
Thyatira
Sardes
Smyrna
Philadelphia
Chios
Samos
Ephesus
Milet
Patmos
Ägäisches Meer
Ionisches Meer/ Adria
Nikopolis
Rhegion
Syrakus
Malta
Korinth
Kenchreä
Athen
Achaja
Sparta
Bithynien – Pontus
Galatien
Phrygien
Halys
Kappadozien
Lykaonien
Kommagene
Eufrat
Antiochia
Ikonion
Lystra
Derbe
Pisidien
Hierapolis
Laodizea
Kolossä
Pamphylien
Attalia
Perge
Asien
Zilizien
Tarsus
Lyzien
Knidos
Kos
Rhodos
Patara
Myra
Seleuzia
Antiochia
Seleuzia
Daphne
Beröa
Orontes
Syrien
Salamis
Zypern
Paphos
Kreta
Phönix
Kauda
Lasäa
Salmone
Mittelmeer
Sidon
Sarepta
Tyrus
Phönizien
Damaskus
Syrophönizien
Ptolemais
Cäsarea
Apollonia
Antipatris
Scharon
Skythopolis
Jordan
Joppe
Lydda
Aschdod
Jerusalem
Totes Meer
Große Syrte
Zyrene
LIBYEN
Mündungen des Nil
Alexandria
ÄGYPTEN
Nil
Arabien
A B C D E F
1 2 3 4
15° 20° 25° 30° 35° 40°

Jerusalem in alt- und neutestamentlicher Zeit

Karte 16a zeigt durch unterschiedliche farbliche Markierung die zunehmende Ausdehnung der Stadt im Verlauf der alttestamentlichen Zeit. Zudem wird durch eine dickere Strichführung die archäologisch erfasste Stadtmauer farblich wiedergegeben.

Bis in die Zeit Davids hinein beschränkte sich das Stadtareal Jerusalems auf einen kleinen Sporn, der im Westen vom Tyropoion- oder Stadttal (vgl. Karte 16b) und im Osten vom Kidrontal begrenzt war. Durch die steil zu den Tälern hin abfallenden Abhänge war die Stadt besonders gut geschützt. Zudem befand sich im Tal die Gihon-Quelle, die die Wasserversorgung der Bewohner sicherstellte. Salomo fügte im Norden den Tempelplatz hinzu, auf dem in vorexilischer Zeit auch der Königspalast stand. Im späten 8. Jahrhundert wurde das Stadtgebiet erheblich vergrößert. Flüchtlinge aus dem von den Assyrern eroberten Nordreich siedelten sich in Jerusalem an, so dass die nun errichtete Mauer auch die Gebiete der unteren und der oberen Stadt einschloss. Um das Wasser der Gihon-Quelle in den Süden der Stadt zu leiten und es damit leichter verfügbar zu machen, wurde unter Hiskija ein unterirdischer Tunnel gegraben. 587 v. Chr. wurde Jerusalem von den Babyloniern dem Erdboden gleichgemacht. Erst Nehemia ließ ab 445 v. Chr. die Stadtmauer, nun auf einem verkleinerten Areal, wieder errichten.

Karte 16b beschreibt die Entwicklung Jerusalems in den folgenden Jahrhunderten, in denen es rasch wieder an Bedeutung gewann und stetig vergrößert wurde. Herodes der Große führte in Jerusalem zahlreiche Baumaßnahmen durch. Er verdoppelte das Areal des Tempelplatzes und baute den Tempel neu auf. In der sich nördlich an den Tempel anschließenden Burg Antonia waren die römischen Soldaten stationiert, die von dort aus den Tempelplatz überwachen sollten. Im Westen der Stadt erbaute Herodes seinen Palast. Hier – und wohl nicht, wie früher traditionell angenommen, in der Burg Antonia – wohnte auch Pontius Pilatus, wenn er zu den hohen Feiertagen nach Jerusalem kam. Auf dem Hof dieses Palastes dürfte demnach Jesus verurteilt worden sein. Die unterschiedliche Lokalisierung des Ortes, an dem die Verurteilung Jesu stattfand, zieht eine andere Wegführung zur Kreuzigung (»via dolorosa«) nach sich. Golgota (aramäisch »Schädelstätte«) und das Grab Jesu, die sich beide in der heutigen Grabeskirche befinden, lagen zu dieser Zeit noch außerhalb der Stadtmauer. In der unmittelbaren Umgebung von Golgota sind auch einige Gräber aus neutestamentlicher Zeit nachgewiesen. Erst 41 n. Chr. wurde eine neue Mauer errichtet, so dass nun das Gebiet von Golgota innerhalb der Stadtmauern lag.

Im *Anhang* findet sich eine Kartenskizze der Stätten archäologischer Grabungen in Palästina (Anhang 1). Wegen der Vielzahl der Grabungen in den Staaten Israel, Jordanien und Palästina beschränkt sich die Ortsauswahl auf diejenigen Orte, die einerseits umfassendere Befunde aufweisen und andererseits für die alt- und neutestamentliche Zeit bzw. für die vorbyzantinische Kulturgeschichte des Landes von besonderem Belang sind.

Die nachfolgende Zeichnung (Anhang 2) mit dem Höhenprofil Palästinas soll die geographische Struktur des Landes verdeutlichen.

Jerusalem in alttestamentlicher Zeit

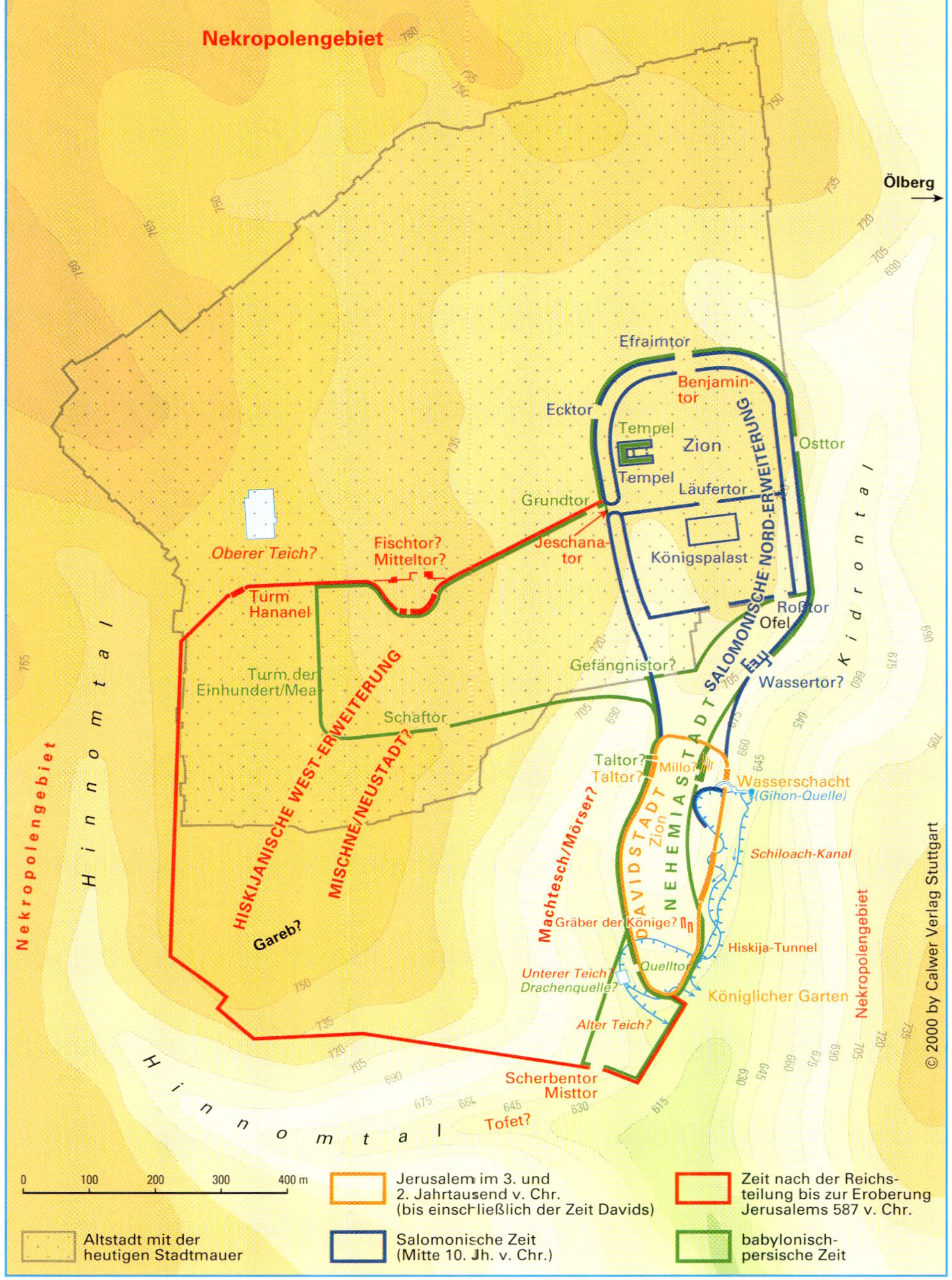

Jerusalem in neutestamentlicher Zeit

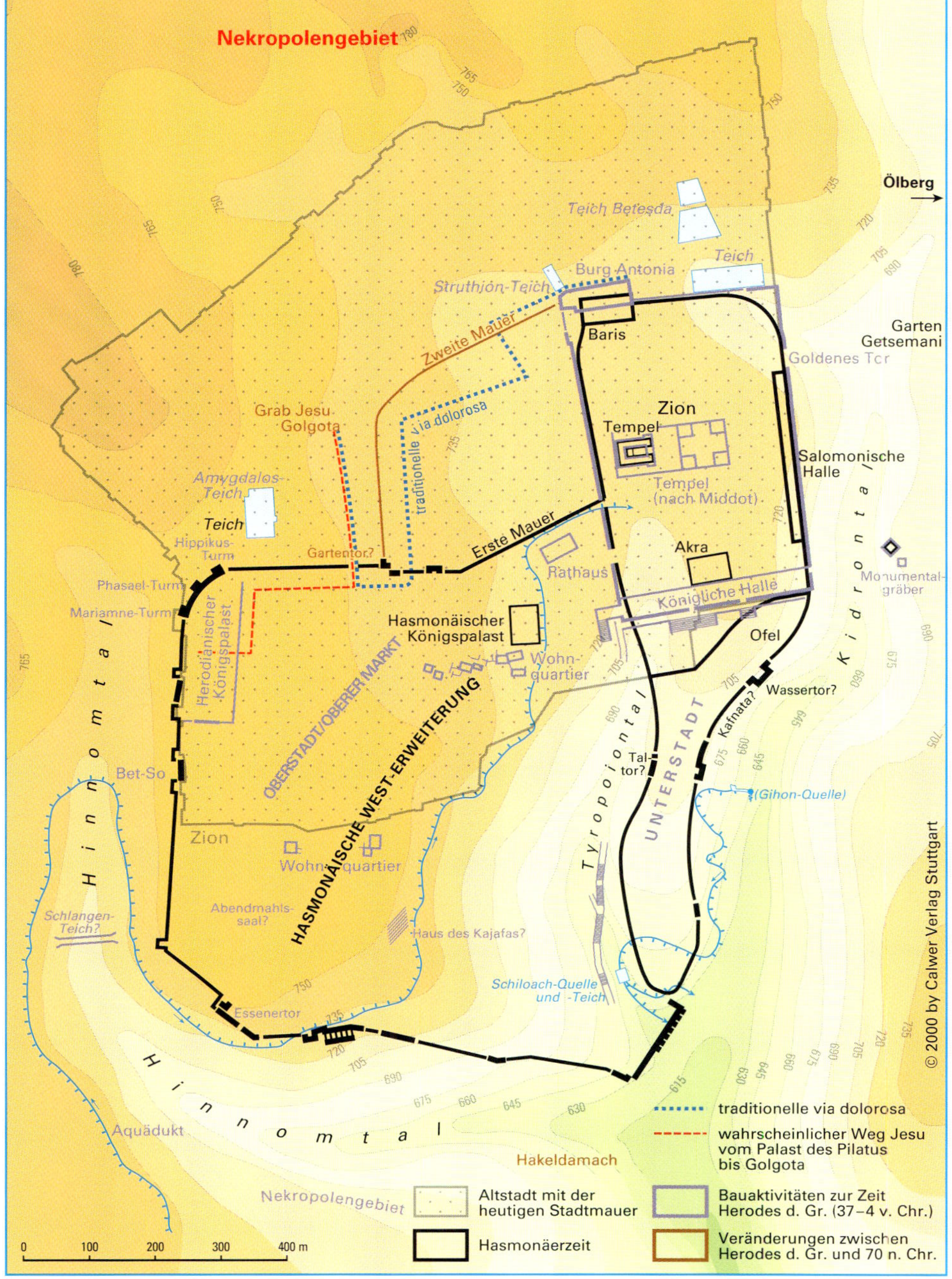

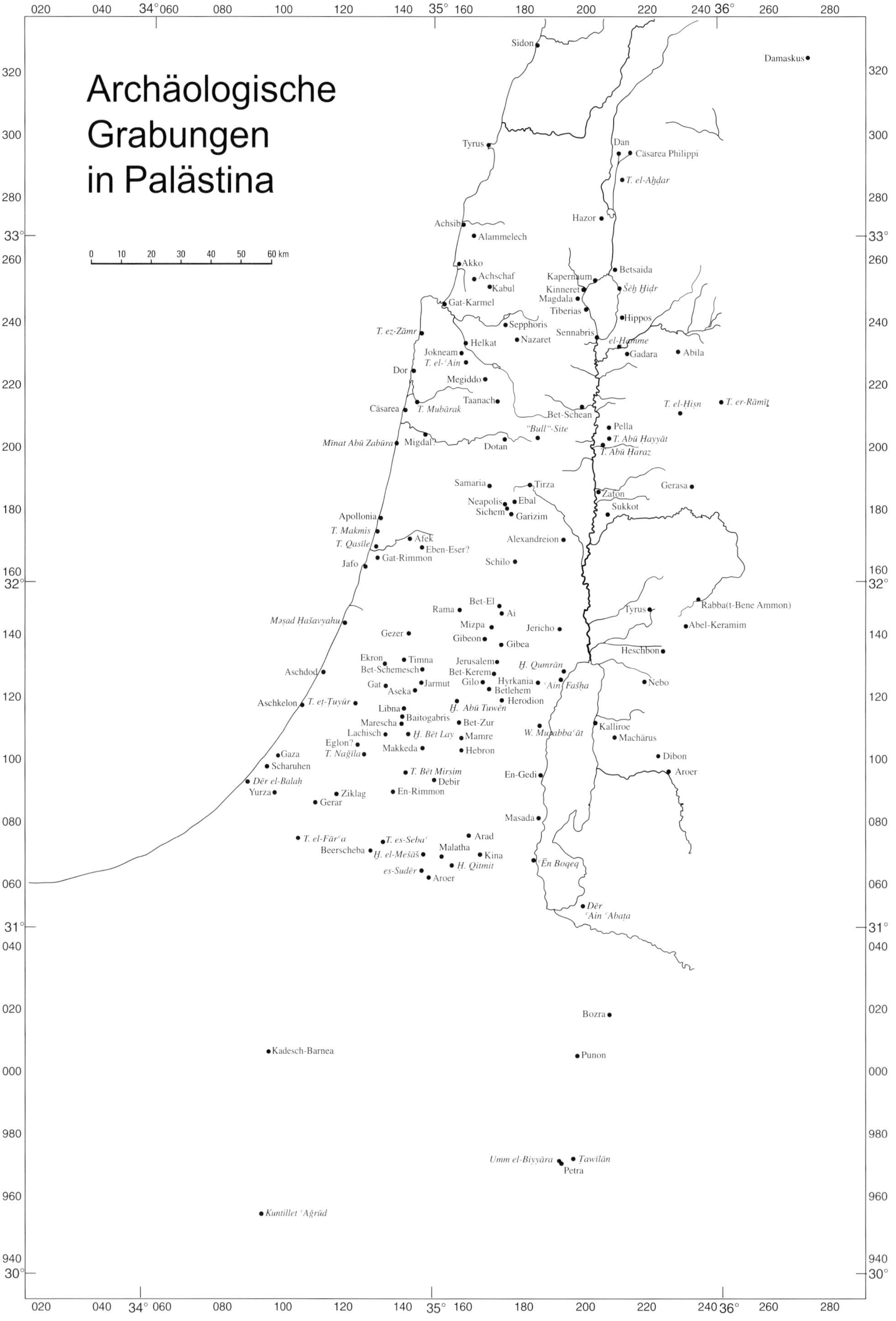
Archäologische Grabungen in Palästina
0 10 20 30 40 50 60 km
34° 35° 36°
33° 32° 31° 30°
Sidon
Damaskus
Tyrus
Dan
Cäsarea Philippi
T. el-Aḫḍar
Hazor
Achsib
Alammelech
Akko
Achschaf
Kabul
Kapernaum
Betsaida
Kinneret
Šēḫ Ḫiḍr
Magdala
Tiberias
Gat-Karmel
Hippos
Sepphoris
T. ez-Zāmr
Sennabris
Nazaret
Helkat
el-Ḥamme
Jokneam
Gadara
Abila
T. el-ʿAin
Dor
Megiddo
Taanach
T. el-Ḥiṣn
T. er-Rāmīṯ
Cäsarea
T. Mubārak
Bet-Schean
"Bull"-Site
Pella
T. Abū Ḥayyāt
Minat Abū Zabūra
Migdal?
Dotan
T. Abū Ḫaraz
Samaria
Tirza
Gerasa
Zafon
Neapolis
Ebal
Sichem
Garizim
Sukkot
Apollonia
T. Makmiš
Afek
T. Qasīle
Eben-Eser?
Alexandreion
Gat-Rimmon
Jafo
Schilo
Bet-El
Rama
Ai
Tyrus
Rabba(t-Bene Ammon)
Məṣad Ḥašavyahu
Mizpa
Jericho
Abel-Keramim
Gezer
Gibeon
Gibea
Heschbon
Ekron
Timna
Jerusalem
Ḫ. Qumrān
Aschdod
Bet-Schemesch
Bet-Kerem
Gat
Jarmut
Gilo
Hyrkania
ʿAin Fašḫa
Nebo
Aseka
Betlehem
Aschkelon
T. eṭ-Ṭuyūr
Herodion
Libna
Ḫ. Abū Tuwēn
Baitogabris
Marescha
Bet-Zur
Kalliroe
Lachisch
Ḫ. Bēt Lay
Mamre
W. Murabbaʿāt
Machärus
Eglon?
T. Naǧīla
Makkeda
Hebron
Gaza
Dibon
Scharuhen
T. Bēt Mirsim
En-Gedi
Aroer
Dēr el-Balaḥ
Debir
Yurza
Ziklag
En-Rimmon
Gerar
Masada
T. el-Fārʿa
T. es-Sebaʿ
Arad
Beerscheba
Malatha
Ḫ. el-Mešāš
Kina
Ḫ. Qiṭmit
es-Sudēr
Aroer
ʿĒn Boqeq
Dēr ʿAin ʿAbaṭa
Bozra
Kadesch-Barnea
Punon
Umm el-Biyyāra
Tawilān
Petra
Kuntillet ʿAǧrūd

Palästina im Quer- und Längsschnitt

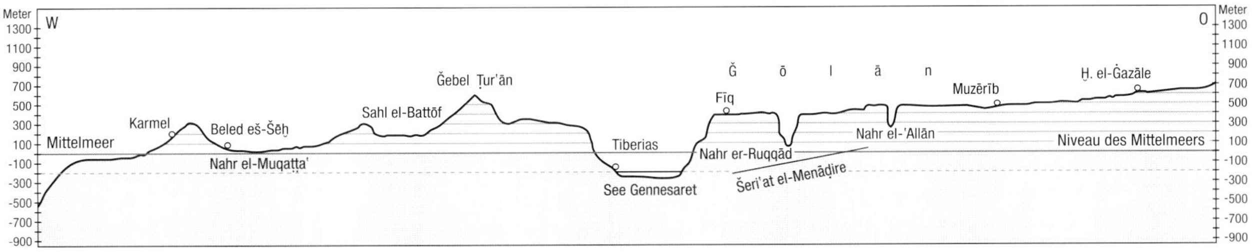

Querschnitt auf der Höhe des Sees Gennesaret

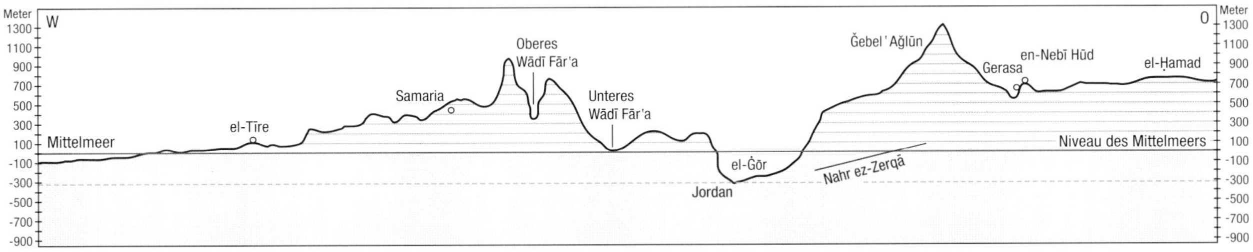

Querschnitt auf der Höhe von Samaria

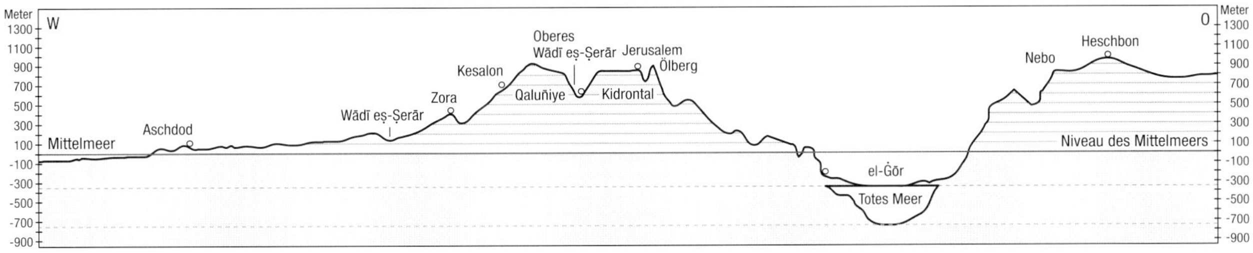

Querschnitt auf der Höhe von Jerusalem

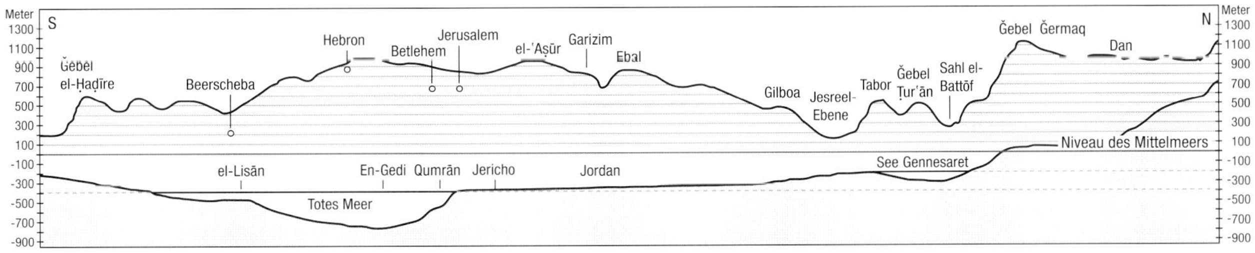

Längsschnitt bei Jerusalem und im Jordangraben

Register

In Klammern angegebene Ortnamen der ersten Spalte bezeichnen bedeutsame heutige Ortslagen, deren antiker Name nicht angegeben wurde.

Biblischer Ortsname	heutiger Ortsname	Koordinaten	Karte
Abana	s. Amana I		
Abarim		205-220.050-130	1, 5, 7
Abdon	*Ḫirbet ᶜAbde*	165.272	4
Abel I	s. Abel-Bet-Maacha		
Abel II	*Ḫirbet Umm el-Abār?*	239.208	2
Abel III	*Bālūᶜa?*	224.085	2
Abel-Bet-Maacha	*Ābil el-Qamḥ*	204.296	2, 5-6, 12
Abel-Keramim	*Tell el-ᶜUmērī*	234.142	2, 5
Abel-Majim	s. Abel-Bet-Maacha		
Abel-Mehola	*Tell Abū Ṣūṣ*	203.197	5, 6
Abel-Mizrajim	nicht lokalisiert		
Abel-Schittim	*Tell el-Kafrēn*	211.139	5-6
Abieser		160-170.180-170	4-6
Abila I	*Tell Ābil*	231.231	2, 12-14
Abila II	*Ḫirbet el-Kafrēn*	210.139	12-13
	s.a. Abel-Schittim		
Abilene		240-270.320-330	13-14
Abimael	nicht lokalisiert		
Abrona	nicht lokalisiert		
Achaia		C.2	15
Achlab	s. Mahaleb		
Achor (Ebene)	*Wādī en-Nuwēᶜime*	191.144	4-6, 11a
Achschaf	*Tell Kēsān*	164.253	2, 4-5
Achsib I	*Ḫirbet el-Bēḍā*	145.116	4-5
Achsib II	*ez-Zīb*	159.272	4-5, 7
Adada	s. Aroer		
Adam	*Tell ed-Dāmīye*	201.167	5-6
Adama	*Ḫirbet Madyan*	193.245	4
Adami-Nekeb	*Ḫirbet et-Tell*	193.239	2, 4
Adasa	*Ḫirbet ᶜAdāsa?*	170.139	12-13
Addar	nicht lokalisiert		
Aditajim	nicht lokalisiert		
Adma	nicht lokalisiert		
Adora	s. Adorajim		
Adorajim	*Dūra*	152.101	2, 6-7, 12-13
Adoren	*Tell el-Asāwir*	152.209	2
Adoreos	s. Adorajim		
Adramyttium	*Edremit*	D.2	15
Adria	Adria	A-B.1-2	15
Adullam	*Ḫirbet eš-Šēḫ Madkūr*	150.117	4-7, 11a, 12
Adummim	*Ḍahr Šūmēs?*	178.133	4
Aduru	s.a. Edrei I		
Afek I	*Rās el-ᶜĒn*	143.168	2, 5, 7
	s.a. Pegai und Antipatris		
Afek II	*Afqā?*	231.382/F.3	8
Afek III	*Tell Kurdāne?*	160.250	4-5
Afek IV	*Fiq*	216.243	6
Afeka	nicht lokalisiert		
Agaba	nicht lokalisiert		
Ägypten	Ägypten	D-E.3-4	3, 8-10, 15
Ahawa	nicht lokalisiert		
Ai I	*et-Tell*	174.147	5
	s.a. Aja		
Ai II	nicht lokalisiert		
Aja	*et-Tell?*	174.147	6, 11a
Ajalon	*Yālō*	152.138	2, 4-5, 7
Ajat	s. Aja		
Ajin I	nicht lokalisiert		
Ajin II	s. En-Rimmon		
Akkad		G-H.2	8
Akko	*Tell el-Fuḫḫār*	158.258	1, 2, 4-5, 7
Akrabattene	*ᶜAqrabā*	182.170	12-13
Alalach	*Tell el-Açāna*	F.2	8
Alammelech	*et-Tell/el-Kabri?*	163.268	4
Alasia	s. Elischa		
Alema	*ᶜIlmā?*	267.239	13
Alemet	s. Almon		

Biblischer Ortsname	heutiger Ortsname	Koordinaten	Karte
Aleppo	*Ḥaleb*	F.2	8
Alexandreion	*Qarn Ṣarṭabe*	194.167	12-13
Alexandria	Alexandria	E.3	15
Almolad	nicht lokalisiert		
Almon	*Ḫirbet ᶜAlmīt*	176.136	4-5
Almon-Diblatajema	*Ḫirbet Dulēlat eš-Šerqīye*	228.116	3, 5-7
Alusch	nicht lokalisiert		
Amad	nicht lokalisiert		
Amalekiter		090-180.020-070	5
Amam	nicht lokalisiert		
Amana I	*Nahr Baradā*	236-287.321-328	1, 4
Amana II	nicht lokalisiert		
Amathus	*Tell Muġannī*	212.178	13
Amma	*Ḫirbet el-Qubbe*	177.141	5
Ammathus	*el-Ḥammām*	201.241	13
Ammon	s. Rabba(t-Bene-Ammon)		1, 4
Ammon (Staat, Provinz)		225-280.130-180	6, 11a
Amoriter		F.2-3	8
Amphipolis	Neochori	C.1	15
Amschan	*Imṯān*	ca. 330.195	2
Anab	*Ḫirbet ᶜUnnāb eṣ-Ṣeġīre*	145.091	4-5
Anaharat	*Tell el-Muḫarḫaš*	194.228	2, 4
Anakiter		090-125.080-165	2, 4-5
Anamiter	nicht lokalisiert		
Ananja	*el-ᶜĀzarīye*	174.130	11a
	s.a. Betanien I		
Anatot	*ᶜAnāta*	175.135	4-7, 11a
Anem	s. En-Gannim		
Anim	*Ḫirbet Ġuwēn eṭ-Taḥtā*	156.084	4-5
Änon	nicht lokalisiert		
Anouat Borkaios	*Ḫirbet Barqīt*	175.166	13
Anthedon	*Tīda*	098.105	13
Antiochia I	*Anṭāqiye*	F.2	15
Antiochia II	*Jalowadsch*	E.2	15
Antipatris	*Rās el-ᶜĒn*	143.168/E.3	12-13, 15
	s.a. Afek I		
Aphairema	s. Efron I		
Apollonia I	*Arsūf*	132.178/E.3	13, 15
Apollonia II	*Poian*	C.1	15
Ar(-Moab)		205-220.095-110	5-6
Arab	*Ḫirbet er-Rābīye?*	153.093	4
Araba	*el-ᶜAraba*	145-200.885-050	1
Arabatha	*er-Rabbe*	220.075	13
Arabien I	Arabische Halbinsel	F-G.4	8-10, 15
Arabien II		200-310.960-240	13, 14
Arad	*Tell ᶜArād*	162.076	3-7
Aram		F.2-3	1, 8-9, 11b
Ararat		G.2	8-9
Arbatiter	s. Bet-Araba		
Arbatta	nicht lokalisiert		
Arbela	*Ḫirbet Irbid*	195.246	12-13
Archelais	*Ḫirbet el-ᶜAuǧā eṭ-Taḥtā*	194.150	13
Areopag	s. Athen		
Argob	nicht lokalisiert		
Ariel	s. Jerusalem		
Arimatäa	*Rentis?*	152.159	14
	s.a. Ramatajim II		
Arka	*ᶜArqā*	F.3	8, 11b
Arkiter I	Stamm, bei *el-Bīre*	170.146	4-5
Arkiter II	s. *ᶜArka*		
Arnon	*Wādī el-Mūǧib*	232.075-204.097	1, 4-7
Aroer I	*Ḫirbet ᶜArāᶜīr*	228.097	4-7
Aroer II	*Ḫirbet Udēnā*	233.152	4-5
Aroer III	*Ḫirbet ᶜArᶜara*	148.062	4-5
Aron	*Ḫirbet ᶜĀra*	157.212	2
Arpachschad			11b
Arpad	*Tell Refāt*	F.2	8-9
Arubbot	*Baṭn en-Nūrī?*	166.199	5
Aruma	*Ḫirbet el-ᶜUrme*	180.172	5, 7
Arus	*Ḥarīs?*	163.169	13

Biblischer Ortsname	heutiger Ortsname	Koordinaten	Karte
Arwad	*Ruād*	F.3	8-10, 11b
Asamon	*Ǧebel ed-Dēdebe?*	175.247	13
Aschan I	nicht lokalisiert		
Aschan II	nicht lokalisiert		
Aschdod	*Esdūd*	117.129/E.3	2, 4-10, 11a, 12-13, 15
Aschdod (Provinz)			11a
Aschdod-Jam	*Mīnet el-Qalʿa*	114.132	7
Ascher		154-182.231-333	4
Aschkelon	*ʿAsqalān*	107.118/E.3	2, 4-10, 11a, 12-13
Aschkenas		G.1	9, 11b
Aschna I	nicht lokalisiert		
Aschna II	*Iḏna*	148.107	5
Aschtarot	*Tell ʿAštara*	245.246	2, 4-5
Aschterot-Karnajim	s. Aschtarot		
Aschuriter	s. Schur		
Aseka	*Tell Zakarīye*	144.123	4,-7, 11a
Asfar	nicht lokalisiert		
Asien		D-F.2	15
Asmawet	s. Bet-Asmawet		
Asnot-Tabor	*Umm Ǧebēl*	186.237	4
Asochis	*Tell el-Bedēwīye* s.a. Hannaton	174.243	13
Asriel		160-180.165-170	4-5
Asser I	s. Ascher		
Asser II	nicht lokalisiert		
Assos	*Behremkale*	D.2	15
Assur I	*Qalʿat Šerqāt*	G.2	8-10
Assur II	s. Assyrien		
Assur II	s. Schur		
Assyrien		G.2	8, 11b
Atach	nicht lokalisiert		
Atarim	nicht lokalisiert		
Atarot I	*Tell eš-Šēḫ Ḍiyāb*	190.161	4-5
Atarot II	s. Atrot-Addar		
Atarot III	*Ḫirbet ʿAṭṭārūs*	213.109	5-6
Atrot-Addar	——	170.142	4
	bei *Ḫirbet ʿAṭṭāra*	170.143	
Atrot-Bet-Joab	nicht lokalisiert		
Atrot-Schofan	nicht lokalisiert		
Athen	Athen	C.2	10, 15
Äthiopien	s. Kusch		
Attalia	*Antalya*	E.2	15
Auranitis	*Ǧebel ed-Drūz*	260-320.230-260	12-14
Awa I		085-110.080-100	4-5
Awa II	nicht lokalisiert		
Awen	s. Bet-El		
Awim	nicht lokalisiert		
Awit	nicht lokalisiert		
Awiter	nicht lokalisiert		
Azmon	nicht lokalisiert		
Azor	*Yāzūr*	131.159	4, 7
Azuru	s. Azor		
Azza	*Zawāta*	171.183	6
Baal	s. Baalat-Beer		
Baala I	nicht lokalisiert		
Baala II (Berg)	——	130.140	4
Baalat	*el-Muġār?*	129.138	4-5
Baalat-Beer	nicht lokalisiert		
Baal-Gad	*Tell ez-Zetūn?*	219.321	4, 5
Baal-Hamon	nicht lokalisiert		
Baal-Hazor	*Ǧebel el-ʿAṣūr*	177.153	1, 5, 12-13
Baal-Hermon	s. Hermon		
Baal-Meon	*Māʿīn*	219.120	4-7
Baal-Peor	s. Bet-Pegor		
Baal-Pegor	s. Bet-Pegor		
Baal-Perazim	*Gīlo*	167.127	5-6
Baal-Schalischa	*Kafr Ṯilṯ*	154.174	6
Baal-Tamar	*Ǧebel eṭ-Ṭawīl?*	172.145	5
Baal-Zefon	*Rās el-Kasrūn*	966.071	3
Babel	*Babīl*	G.3	8-10, 11b
Babylon	s. Babel		
Babylonien		G-H.3	8-10
Bach Ägyptens	*Wādī el-ʿArīš*	036.063-070.010/ E.3-4	1, 4, 8-9
Bahurim	*Barrūka*	175.131	5
Baitogabris	*Bēt Ǧibrīn*	140.112	12-13
Baka	*el-Buqēʿa?*	181.264	12-13
Bamot-Baal	*Ḫirbet el-Quwēğīye?*	220.127	4-6
Baschan	s.a. Batanäa	210-240.215-240	1, 4-7
Baska	nicht lokalisiert		
Baskama	nicht lokalisiert		
Batanäa	s.a. Baschan	210-240.215-240	13-14
Batane	s. Bet-Anot		
Bathyra	*Nawa?*	247.255	13
Bat-Rabbim	nicht lokalisiert		
Bealot	nicht lokalisiert		
Bebai	nicht lokalisiert		
Beer I	nicht lokalisiert		
Beer II	nicht lokalisiert		
Beerajim	*Būrīn*	173.176	6
Beer-Elim	nicht lokalisiert		
Beer-Lahai-Roi	nicht lokalisiert		
Beerot	*Ḫirbet el-Burǧ*	167.136	5, 11a
Beerot-Bene-Jaakan	nicht lokalisiert		
Beerscheba I	*Bīr es-Sebaʿ*	129.071	1, 4-7, 11a, 12-13
Beerscheba II	*Ḫirbet Abū Šība*	189.259	12-13
Bektilet	nicht lokalisiert		
Bela	s. Zoar		
Bene-Berak	*Ibn Ibrāq*	133.160	4, 7
Bene-Jaakan	nicht lokalisiert		
Benjamin		158-202.130-148	4
Beon	nicht lokalisiert		
Beracha	nicht lokalisiert		
Berea	*Ḫirbet el-Burǧ* s.a. Beerot	167.136	12
Bered	nicht lokalisiert		
Beröa I	*Ḫalep*	F.2	10, 15
Beröa II	*Verria*	C.1	15
Berota	*Berētā*	F.3	8-9
Berotai	s. Berota		
Besek	*Ḫirbet Ibzīq*	187.197	5
Besor	*Wādī es-Sebaʿ*	135.075-105.070	5
Bet-Amam	nicht lokalisiert		
Bet-Anat	*Ṣafad el-Baṭṭīḫ?*	190.289	2, 4-5, 12
Betanien I	*el-ʿĀzarīye*	174.130	14
Betanien II	*Tell el-Ḫarrar*	206.136	14
Bet-Anot	*Ḫirbet Bēt ʿEnūn*	162.107	4
Bet-Araba	*ʿĒn el-Ġarbe*	197.139	4-5
Bet-Arbeel	nicht lokalisiert		
Bet-Aschbea	nicht lokalisiert		
Bet-Asmawet	*Ḥezme*	175.138	11a
Bet-Awen	s. Bet-El		
Bet-Baal-Meon	s. Baal-Meon		
Bet-Bamot	s. Bamot Baal		
Bet-Bara	nicht lokalisiert		
Bet-Basi	*Ḫirbet Bēt Baṣṣa*	171.122	12
Bet-Biri	nicht lokalisiert		
Bet-Dagon I	nicht lokalisiert		
Bet-Dagon II	nicht lokalisiert		
Bet-Diblatajim	s. Almon-Diblatajim		
Bet-Eden		F.2	8-9
Bet-Eked	*Bēt Qād?*	183.209	6
Bet-Eked-Roim	s. Bet-Eked		
Bet-El I	*Ǧalūl?*	231.125	2
Bet-El II	*Bētīn*	172.148/F.3	4-9, 11a, 12-13
Bet-Emek	*Ḫirbet el-Lūn?*	173.245	4
Beten	*Ḫirbet Abṭūn?*	160.241	4
Betesda	s. Jerusalem		16b
Bet-Ezel	nicht lokalisiert		
Betfage	*Kafr eṭ-Ṭūr*	174.131	14
Bet-Gader	s. Gedor		
Bet-Gamul	*Ḫirbet el-Ǧumēl*	235.100	7
Bet-Gan	*Ǧinīn*	178.207	6

Biblischer Ortsname	heutiger Ortsname	Koordinaten	Karte
Bet-Gilgal	s. Gilgal		
Bet-Hanan	nicht lokalisiert		
Bet-Haram	*Tell er-Rāme*	211.137	2, 4-5
Bethel	s. Bet-El		
Bet-Hogla	*Dēr Ḥağla* bei *ʿĒn Ḥağla*	197.136	4, 12-13
Bet-Horon (unteres)	*Bēt ʿŪr eṭ-Taḥtā*	158.144	4-5, 11a
Bet-Horon (oberes)	*Bēt ʿŪr el-Fōqā*	160.143	2, 4-5, 11a, 12-13
Bet-Jeschimot	*Tell el-ʿUzēme*	208.132	4-5, 7, 12-13
Bet-Kar	nicht lokalisiert		
Bet-Kerem	*Ḫirbet Ṣāliḥ/Rāmat Rāḥēl*	170.127	4, 7, 11a
Bet-Leafra	*eṭ-Ṭayyibe*	153.107	6
Bet-Lebaot	nicht lokalisiert		
Betlehem I	*Bēt Laḥm*	169.123	4-7, 11a, 14
Betlehem II	*Bēt Laḥm*	168.238	4-5
Bet-Leptefa	*Ḫirbet Bēt Nattīf*	149.122	13
Bet-Maacha	s. Abel-Bet-Maacha		
Bet-Markabot	nicht lokalisiert		
Bet-Maous	*Ḫirbet Nāṣir ed-Dīn*	199.242	13
Bet-Meon	s. Baal-Meon		
Bet-Millo	nicht lokalisiert		
Bet-Nimra	*Tell Nimrīn*	209.145	4-5, 13
Betomestajim	nicht lokalisiert		
Betonim	*Ḫirbet Baṭne*	216.156	4
Bet-Pazzez	nicht lokalisiert		
Bet-Pegor	*Ḫirbet ʿUyūn Mūsā*	220.131	4-5
Bet-Pelet	nicht lokalisiert		
Bet-Peor	s. Bet-Pegor		
Bet-Rehob	s. Rehob		
Bet-Sacharja	*Bēt Sakāriye*	1618.1189	12-13
Betsaida	*et-Tell*	209.257	14
Bet-Sajit	*Ḫirbet Bēt Ziʿta*	161.114	12
Bet-Schean	*Tell el-Ḥuṣn*	197.212	2, 4-5
Bet-Schearim	*eš-Šēḫ Burēq*	162.234	13
Bet-Schemesch I	*Ḫirbet er-Rumēle*	147.128	2, 4-6
Bet-Schemesch II	*Ḫirbet Šēḫ eš-Šamsāwī?*	199.232	2, 4-5
Bet-Schemesch III	*Ḫirbet Tell er-Ruwēsi?*	181.271	4
Bet-Schemesch IV	*Tell Ḥiṣn*	776.955/E.3	3, 8-9
Bet-Schitta	*Šaṭṭā*	190.217	5
Bet-Tappuach	*Taffūḥ*	154.105	4-5
Bet-Ter	*Ḫirbet el-Yehūd*	162.126	4
Bet-Togarma	nicht lokalisiert		
Betuel	nicht lokalisiert		
Betul	nicht lokalisiert		
Betulia	nicht lokalisiert		
Bet-Zitti	*Zēta*	F.3	9
Bet-Zur	*Ḫirbet eṭ-Ṭubēqa*	159.110	4-7, 11a, 12-13
Bezer	s. Bozra II		
Bikat-Awen	*Beqaʿ-Ebene?*	220-230.320-360	6
Bithynien		D-E.1	15
Blütensteige		170.120-183.100	6, 11a
Bochim	nicht lokalisiert		
(Stein) Bohan	nicht lokalisiert		
Bor-Aschan	nicht lokalisiert		
Borsippa	*Birs Nimrūd*	G.3	10
Bor-Sira	*Ṣīrat el-Bellāʿī*	159.108	5
Bosor	s. Bozra II		
Bosora	*Boṣrā eski Šām*	289.214	2, 13
Bozez	im *Wādī eṣ-Ṣuwēnīt*	175.141	5
Bozkat	nicht lokalisiert		
Bozra I	*Buṣērā*	208.018	5-7
Bozra II	nicht lokalisiert		
Bozra III	s. Bosora		
Bubastis	s. Pi-Beset		
Burquna	*Burkīn*	174.206	2
Bus		H.4	8
Byblos	s. Gebal		
Cäsarea (maritima)	*Qaiṣarīye*	140.212/E.3	13-15
Cäsarea Philippi	*Bānyās*	215.294	14
Chaldäa		G-H.3	8-10
Charax	nicht lokalisiert		
Cheleer	nicht lokalisiert		
Chelus	*Ḫalaṣa*	117.056	13

Biblischer Ortsname	heutiger Ortsname	Koordinaten	Karte
Chios	*Chios*	D.2	15
Choba	nicht lokalisiert		
Chorazin	*Ḫirbet Kerāze*	203.257	14
Chus	nicht lokalisiert		
Dabbeschet	*Tell eš-Šammām?*	164.230	4
Daberat	*Ḫirbet Dabūra*	185.233	4, 13
Daphne I	*Ḫirbet Dafne*	209.292	13
Daphne II	*Bēt el-Māʾ*	F.2	15
Dagon	*Ğebel Qaranṭal* s.a. Dok	190.142	13
Dalmanuta	nicht lokalisiert		
Dalmatien		B.1	15
Damaskus	*Dimašq*	273.324/F.3	1, 2, 5-10, 12, 14-15
Damaskus (Provinz)			6
Dan I (Stamm)		118-160. 128-168 und 208-215. 290-298	4
Dan II (Ort)	*Tell el-Qāḍī*	211.294	1, 4-6
Danna	nicht lokalisiert		
Datema	nicht lokalisiert		
Debir I	*Ḫirbet er-Rabūd*	151.093	4-5
Debir II	*Ṯōġret ed-Debr*	187.134	4
Dedan	*el-ʿUlā*	F.4	9-10, 11b
Dekapolis		185-268.135-255	13-14
Delos	*Delos*	C.2	10
Derbe	*Kerti Hüyük*	E.2	15
Dessau	nicht lokalisiert		
Dibon	*Ḏībān*	224.101	1-7
Difat	s. Rifat		
Dikla	nicht lokalisiert		
Dilan	nicht lokalisiert		
Dimna	s. Rimmon		
Dimon	*Ḫirbet el-Ḫarazīya*	216.077	6
Dimona	nicht lokalisiert		
Dinhaba	nicht lokalisiert		
Dion	*Tell Ašʿarī?*	245.239	2, 13-14
Di-Sahab	nicht lokalisiert		
Dofka	nicht lokalisiert		
Dok	*Ğebel Qaranṭal*	190.142	12
Dor	*Ḫirbet el-Burğ*	142.224/E.3	2, 4-5, 8-9, 12-13
Dörfer Jairs	s. Baschan		
Dotan	*Tell Dōṯān*	173.202	4-6, 12
Drachenquelle	s. Jerusalem		16a
Duma	*ed-Dūme*	148.093	4
Dura	nicht lokalisiert		
Dur Scharukkin	*Ḫorsabad*	G.2	8
Ebal	*Ğebel Islāmīye*	177.182	1, 5, 12
Eben-Bohan	nicht lokalisiert		
Eben-Eser I	*ʿIzbet Ṣarṭa?*	146.167	5
Eben-Eser II	nicht lokalisiert		
Ebez	nicht lokalisiert		
Ebla	*Tell Mardīḫ*	F.2	8
Ebron	s. Abdon		
Eden I	nicht lokalisiert		
Eden II	s. Bet-Eden		
Eder	s. Arad		
Edom		max. 100-260.930-050 E-F.3	1, 3-10
Edrei I	*Derʿā*	253.224	2, 4-5
Edrei II	nicht lokalisiert		
Efa	nicht lokalisiert		
Efes-Dammim	nicht lokalisiert		
Efraim I (Stamm)		120-202.140-184	4
Efraim II (Ort)	s. Efron I		
Efraim III (Staat)		140-202.142-205	6
Efraim IV (Gebirge)		160-190.145-210	1
Efrata I	nicht lokalisiert		
Efrata II	s. Betlehem I		
Efron I	*eṭ-Ṭayyibe* s.a. Ofra	178.151	11a, 13
Efron II	*eṭ-Ṭayyibe*	217.216	12-13
Efron (Gebirge)	nicht lokalisiert		
Eglajim	nicht lokalisiert		

Biblischer Ortsname	heutiger Ortsname	Koordinaten	Karte
Eglat-Schelischija	nicht lokalisiert		
Eglon	*Tell el-Ḥesī?*	124.106	
	bei *Ḫirbet ʿAǧlān*	123.108	4-5
Egrebel	nicht lokalisiert		
Eichgrund	*Wādī es-Sanṭ*	123.130-155.125	5
Ekbatana	*Hamadān*	H.3	10
Ekdippon	*ez-Zīb*	159.272	13
	s.a. Achsib		
Ekron	*Ḫirbet el-Muqannaʿ*	136.131/E.3	4-9, 12-13
Elale	*Ḫirbet el-ʿĀl*	228.136	5-7
Elam		H-I.3	8-10, 11b
(el-Amarna)	*el-Amarna*	E.4	8
Elasa	*Ḫirbet Ilʿasā*	160.144	12
Elat	*Tell el-Ḫulēfī*	147.884	3, 5-7
in NT-Zeit:	*el-ʿAqaba*	149.882	10
El-Bet-El	s. Bet-El		
Elef	nicht lokalisiert		
Eleutherus	*Nahr el-Kebīr*	F.3	10
Elim	nicht lokalisiert		
Elischa	Zypern	E.2-3	8-9, 11b
Elkosch	nicht lokalisiert		
Ellasar	nicht lokalisiert		
Elmatan	*Immātīn*	165.177	6
Elon	s. Ajalon		
El-Paran	*ʿAyyil*	201.958	5
Elteke	*Tell eš-Šallāf?*	128.144	4, 7
Eltekon	nicht lokalisiert		
Eltolad	nicht lokalisiert		
Elymais	nicht lokalisiert		
Emar	*Meskene*	F.2	8
Emek-Keziz	nicht lokalisiert		
Emiter		205-240.050-095	2
Emmaus I	*ʿAmwās*	149.138	12-14
Emmaus II	*Bīr el-Ḥamām?*	171.141	14
Emmaus III	*Qalūnyā*	165.133	13
Enajim	nicht lokalisiert		
Enam	nicht lokalisiert		
En-Dor	*Ḫirbet Ṣafṣafe*	187.227	4-5
En-Eglajim	nicht lokalisiert		
En-Gannim I	*Ḫirbet Umm Ǧinā*	146.128	4
En-Gannim II	*Ḫirbet Bēt Ǧinn*	196.235	4
En-Gedi	*Tell el-Ǧurn*	187.097	4-5, 7, 13
En-Hadda	*Ḥadeṯa*	196.232	4
En-Hazor	nicht lokalisiert		
En-Kore	nicht lokalisiert		
En-Mischpat	s. Kadesch		
En-Rimmon	*Tell el-Ḫuwēlife*	137.087	4, 11a
En-Rogel	s. Rogel-Quelle		
En-Schemesch	*ʿĒn el-Ḥōḍ*	175.131	4
En-Tannin	s. Drachenquell		
En-Tappuach	*Yāsūf*	172.168	4
	s.a. Jaschub		
Ephesus	*Selçuk*	D.2	15
Erech	s. Uruk		11b
Eschan	nicht lokalisiert		
Eschkol	nicht lokalisiert		
Eschnunna	*Tell Asmar*	G.3	8
Eschtaol	*Išwaʾ*	151.132	4-5
Eschtemoa	*es-Samūʿa*	156.089	4-5
Esek	nicht lokalisiert		
Esrach	nicht lokalisiert		
Essa	nicht lokalisiert		
Etam I	*Ḫirbet el-Ḫōḫ*	166.121	4-5, 7
Etam II	*ʿAraq Ismaʿīn*	153.130	5
	oder Etam I		
Etam III	nicht lokalisiert		
Etam IV	nicht lokalisiert		
Etam (Wüste)		880-920.960-000	3
Eter I	*Ḫirbet el-ʿAṭār*	138.113	4
Eter II	nicht lokalisiert		
Et-Kazin	*Karm er-Rās?*	181.239	4
Eufrat	*Firat*	F-H.2-3	8-10, 15
Ezem	*Harābat el-ʿAzam?*	148.055	4-5
Ezjon-Geber	*Ǧezīret Firaʿūn*	135.875	3, 5-6
Faraton	s. Piraton		

Biblischer Ortsname	heutiger Ortsname	Koordinaten	Karte
Forum Appii	*San Donato*	A.1	15
Gaasch	nicht lokalisiert		
Gaba	*Tell Abū Šūše*	163.224	2, 13
Gabara	*ʿArrābe*	182.250	13
Gabbata	s. Jerusalem		
Gad		200-260.130-193	4
Gadara I	*Umm Qēs*	214.229	13-14
Gadara II	*Tell Ǧadūr*	220.160	13
Galatien		E.2	15
Gal-Ed	nicht lokalisiert		
Galiläa		170-205.230-300	1, 4-6, 12-14
Gallim	*Ḫirbet Kaʿkūl?*	173.135	4-6
Gamala	*es-Salām*	219.256	13
Gareb	s. Jerusalem		16a
Garis	*Ḫirbet Kennā?*	180.240	13
Garizim	*Ǧebel eṭ-Ṭōr*	176.179	1, 5, 12-13
Garu	*Ǧōlān*	210-260.233-280	2
	s.a. Gaulanitis		
Gat	*Tell eṣ-Ṣāfī*	135.123/E.3	2, 4-9
Gat-Eti	*Tell Ǧenʿābe?*	238.177	2
Gat-Hefer	*Ḫirbet ez-Zerrāʿ*	180.238	4, 6
Gat-Karmel	*Tell Abū Ḥawām*	152.245	2
Gat-Padalla	*Tell Ǧett*	154.200	2
Gat-Rimmon	*Tell el-Ǧerīše*	132.166	2, 4
Gaulanitis	*Ǧōlān*	210-260.233-280	13-14
	s.a. Garu		
Gaza	*Ġazze*	099.101/E.3	1-10, 11a, 12-14
Geba I	*Ǧebaʿ*	175.140	4-7, 11a
Geba II	*Ǧebaʿ*	171.192	5
Geba III	nicht lokalisiert		
Geba-Benjamin	s. Geba		
Gebal I	*Ǧebēl/Byblos*	210.391/F.3	8-10
Gebal II		F.3	10
Geba-Schemen	*Tell el-ʿAmr?*	159.237	2
Ǧebel Mūsā	*Ǧebel Mūsā*	050.770	3
Ge-Ben-Hinnom	s. Hinnom (Tal)		
Gebim	nicht lokalisiert		
Geder	nicht lokalisiert		
Gedera	*Ḫirbet Ǧudrāya*	149.121	4
Gederot	nicht lokalisiert		
Gederotajim	nicht lokalisiert		
Gedor	*Ḫirbet Ǧedūr*	158.115	4-5
Ge-Hinnom	s. Hinnom (Tal)		16a, b
Gelilot	nicht lokalisiert		
Ge-Melach	s. Salztal		
Gennesaret		196.250-204.256	14
See Gennesaret	*Baḥret Ṭabarīye*	199-213.235-255	1, 12-14
	s.a. See Kinneret		
Gerar	*Tell Abū Hurēra*	112.087	5, 11a
Gerasa	*Ǧeraš*	234.187	13-14
Gerot-Kimchan	nicht lokalisiert		
Gerrener	s. Gerar		
Geschur I		210-240.230-260	4-5
Geschur II	nicht lokalisiert		
Geser	*Tell Ǧazarī*	142.140	2, 4-6, 11a, 13
Geter	nicht lokalisiert		
Getsemani	s. Jerusalem		16b
Giach	*Ḫirbet ed-Dawwāra*	178.141	5
Gibbeton	*Rās Abū Ḥamīd*	139.145	2, 4, 6
Gibea (in Benjamin)	*Tell el-Fūl*	172.136	4-6, 13
Gibea (in Juda)	nicht lokalisiert		
Gibea (in Efraim)	nicht lokalisiert		
Gibea-Hachila	nicht lokalisiert		
Gibeat-Amma	s. Amma		
Gibeat-Benjamin	s. Gibea (in Benjamin)		
Gibeat-Elohim	s. Gibea (in Benjamin)		
Gibeon	*el-Ǧīb*	167.139	4-7, 11a, 13
Gidom	nicht lokalisiert		
Gihon	s. Jerusalem		16a
Gilboa	*Ǧebel Fuqūʿa*	180.210-195.200	1, 5
Gilead (Landschaft)		200-250.160-235/ F.3	1, 4-5, 7, 9, 12

Biblischer Ortsname	heutiger Ortsname	Koordinaten	Karte
Gilead (Ort)	*Ḫirbet Ǧalʿād*	223.169	5
Gilead (Provinz)			6
Gilgal	*Arḍ el-Mefǧīr?*	194.142	3-6, 11a
Gilo	nicht lokalisiert		
Gimso	*Ǧimzū*	145.148	11a
Gina	*Ǧinīn*	178.207	2
	s.a. Bet-Gan		
Ginaia	*Ǧinīn*	178.207	13
	s.a. Bet-Gan		
Girgaschiter	nicht lokalisiert		
Gischala	*el-Ǧīš*	191.270	13
Gittajim	nicht lokalisiert		
Goa	nicht lokalisiert		
Gob	nicht lokalisiert		
Gofna	*Ǧ īfna*	170.152	13
Gojjim	nicht lokalisiert		
Golan	*Ṣaḥem el-Ǧōlān?*	238.243	4-5, 13
Golgota	s. Jerusalem		16b
Gomer		E.2	9, 11b
Gomorra	nicht lokalisiert		
Goren-Atad	nicht lokalisiert		
Gortyna	*Choustelliara*	C.2	10
Gosan	*Tell Ḥalaf*	G.2	8-9
Goschen I	*Wādī eṭ-Ṭumēlāt*	840-890.990-030	3
Goschen II	nicht lokalisiert		
Griechenland	Griechenland	B-D.1-2	10, 15
Gur	*Ḫirbet Naǧǧār*	178.205	5
Gur-Baal	nicht lokalisiert		
Habor	*Ḫābūr*		8-9
Hachila	s. Gibea-Hachila		
Hadascha	nicht lokalisiert		
Haderwasser	nicht lokalisiert; s. Meriba		
Hadid	*el-Ḥadīṯe*	145.152	11a, 12-13
Hadoram	nicht lokalisiert		
Hadrach	*Tell Āfiṣ*	F.2	8-9
Hafarajim	*eṭ-Ṭayyibe?*	192.223	4
Hakeldamach	s. Jerusalem		16b
Halach	nicht lokalisiert		
Halhul	*Ḥalḥūl*	160.109	4, 13
Hali	*Rās ʿAli*	165.242	4
Halikarnaß	*Bodrum*	D.2	10
Ham I	*Ḥām*	226.213	5
Ham II	s. Ägypten		
Hamat I	s. Hamat-Zoba		
Hamat II	*Tell el-Ḥamme*	197.197	2
Hamat-Rabba	s. Hamat-Zoba		
Hamat-Zoba	*Ḥamā*	312.503/ F.2-3	8-10, 11b
	s.a. Lebo-Hamat (Luther: »wo man nach Hamat geht«)		
Hammat	*el-Manāra* bei *Ḥammām*	201.240	4
Hammon I	*Ḫirbet Umm el-ʿAmed*	164.281	4, 12
Hammon II	s. Hammat		
Hammot-Dor	s. Hammat		
Hamona	nicht lokalisiert		
Hananel (Turm)	s. Jerusalem		16b
Hanes	*Ḥinēs*	E.3	8
Hannaton	*Tell el-Bedēwīye*	174.243	2, 4
Hara	nicht lokalisiert		
Harada	nicht lokalisiert		
Haran	*Ḥarrān*	F.2	8-10
Harar	nicht lokalisiert		
Har-Heres	nicht lokalisiert		
Harkar	*Kerak?*	217.066	2
Harmagedon	*Tell Mutesellim*	167.221	14
	s.a. Megiddo		
Harod I (Quelle)	*ʿĒn Ǧālūd*	184.217	5
Harod II (Ort)	*Nūris?*	184.215	5
Haroschet-Gojim	*Tell el-ʿAmr?*	159.237	5
Haruf	nicht lokalisiert		
Haschmona	nicht lokalisiert		
Hauran	Gebiet des *Ǧebel ed-Drūz*	280-350.250-200	7
Hawila			11b
Hazar-Addar	nicht lokalisiert		
Hazar-Enan	nicht lokalisiert		
Hazar-Gadda	nicht lokalisiert		
Hazarmawet	*Hadramaut*		11b
Hazar-Schual	*Ḫirbet el-Waṭen?*	137.071	4, 11a
Hazar-Susa	nicht lokalisiert		
Hazerot I	nicht lokalisiert		
Hazerot II	*ʿAṣīret eš-Šemālīye*	175.184	6
Hazezon-Tamar	nicht lokalisiert		
Hazor I	*Tell el-Qedaḥ*	203.269	2, 4-7, 13
Hazor II	nicht lokalisiert		
Hazor III	nicht lokalisiert		
Hazor-Hadatta	nicht lokalisiert		
Hebron	*Ǧebel er-Rumēde*	160.103	1, 4-7, 11a
Hefer	*Tell el-Muḥaffar*	170.205	5
Helam	*ʿIlmā?*	267.239	5
Helba	s. Mahaleb		
Helbon	*Ḥalbūn*	265.342/F.3	9
Helech	nicht lokalisiert		
Helef	*Ḫirbet ʿIrbāda?*	189.236	4
Helek		165-175.195-185	4-6
Heliopolis	s. Bet-Schemesch IV		
Helkat	*Tell el-Qassīs*	160.232	2, 4
Helkat-Hazzurim	nicht lokalisiert		
Hena	nicht lokalisiert		
Heres	nicht lokalisiert		
Hermon	*Ǧebel eš-Šēḫ*	225.303	1, 4-6
Herodion I	*Ǧebel Furēdīs*	173.119	13
Herodion II	*el-Ḥabbasa?*	214.138	13
Heschbon	*Tell Ḥisbān*	226.134/F.3	1, 4-10,
			11a, 12-13
Heschmon	nicht lokalisiert		
Het		D-F.1-2	8-9, 11b
Hetlon	nicht lokalisiert		
Hezron	*Bīr el-Ḥadīra?*	061.005	4
Hierapolis	*Pambuk Kalessi*	D.2	15
Hierosolyma	s. Jerusalem		
Hinnom (Tal)		171.132-173.131	4, 16a, 16b
Hippos	*Qalʿat el-Ḥiṣn*	212.242	13-14
Hoba	nicht lokalisiert		
Hoddu	Indien		
Holon	nicht lokalisiert		
Hor	*Ǧebel Hārūn*	188.969	1, 3, 5
Horeb	s. Sinai		
Horem	nicht lokalisiert		
Horescha	nicht lokalisiert		
Hor-Gidgad	nicht lokalisiert		
Horma	*Ḫirbet el-Ġarra?*	148.071	3-5
Horon	s. Bet-Horon		
Horonajim	*ed-Dēr*	215.073	5-7
Hosa	*Tell Rāšīdīye*	170.293	4, 6-7
Hügelland	s. Schefela		
Hukkok	*Ǧebel eš-Šēḫ?*	181.236	4
Hul	nicht lokalisiert		
Hule-See		208-211.273-278	1
Humta	nicht lokalisiert		
Huscha	*Ḥūsān*	162.124	5
Hydaspes	nicht lokalisiert		
Hyrkania	*Ḫirbet el-Mird*	184.125	13
Idumäa		110-185.055-120	11a, 12-14
Ije-Abarim	*Ḫirbet ʿAy*	211.060	3, 5
Ijim	nicht lokalisiert		
Ijon I	*Tell Dibbīn*	205.308	2, 6
Ijon II	*Rās el-ʿĒn?*	236.150	2
Ikonion	*Konya*	E.2	15
Illyrien		B.1	15
Ir-Heres	s. Bet-Schemesch IV		
Ir-Melach	*ʿĒn el-Ġuwēr?*	189.115	4
Ir-Nahasch	nicht lokalisiert		
Irqanat	s. Arqa		
Ir-Schemesch	*Ḫirbet ʿĒn Šems*	148.128	4
Ismaeliter		150-260.800-960	5
Israel		max. 120-260.110-300/E-F.3	5-6, 8
Issachar		180-205.215-237	4
Italien	Italien	A-B.1-2	15
Ituräa		200-240.290-330	14
Jaar	nicht lokalisiert		
Jaar-Heret	nicht lokalisiert		
Jabbok	*Nahr ez-Zerqā*	240.150-203.168	1, 3-5

Biblischer Ortsname	heutiger Ortsname	Koordinaten	Karte
Jabesch-Gilead	*Tell el-Maqlūb*	214.201	5
Jabez	nicht lokalisiert		
Jabne	s. Jabneel		
Jabneel I	*Yebna*	126.141	4
Jabneel II	*Tell Nāʿam*	198.235	4
Jachem	*Ḫirbet Yemmā*	153.197	2
Jafet	s. Efa		
Jafia	*Yāfā*	176.232	4-5, 13
Jafletiter		160-170.140-145	4
Jafo	*Yaffa*	126.162	2, 4, 11a
Jagur	nicht lokalisiert		
Jahaz	*Ḫirbet er-Rumēl*	233.109	3-7
Jahwe-Jire	nicht lokalisiert		
Jamnia	*Yebna*	126.141	12-13
Janoach I	*Ḫirbet Yānūn*	184.173	4
Janoach II	*Givʿat ha-Šoqet*	203.293	6
Janum	nicht lokalisiert		
Jarmuk	*Nahr el-Yarmūk*	203.227-239.238	1
Jarmut I	*Ḫirbet Yarmūk*	147.124	4-5, 11a
Jarmut II	*ʿĒn el-Ğirāni*	199.221	4
Jarmut III (Berg)	*Belvoir/Kōkab el-Ḥawā*	199.221	2
Jarut	*Yārūt*	218.078	2
Jaschub	*Yāsūf*	172.168	6
Jaser	*Ḫirbet eṣ-Ṣār*	228.150	4-7, 11a, 13
Jaser-Gilead	s. Jaser		
Jasit	*Yāṣīd*	176.189	6
Jasuf	*Tell es-Subāt?*	158.246	2
Jattir	*Ḫirbet ʿAttīr*	151.084	4-5
Jawan		D.2	8-9, 11b
		C.2	10
Jearim	nicht lokalisiert		
Jebus	s. Jerusalem		
Jegar-Sahaduta	nicht lokalisiert		
Jehud	*el-Yehūdīye*	139.159	4
Jekeb-Seeb	nicht lokalisiert		
Jenoam	*Tell Nāʿam*	198.235	2
Jerach	nicht lokalisiert		
Jerachmeeliter		120-160.070-090	5
Jericho	AT: *Tell es-Sulṭān*	192.142	1,3-7, 11a, 12
	NT: *Tulūl Abū l-ʿAlāyik*	191.139	12-14
Jeruel	nicht lokalisiert		
Jerusalem	*el-Quds*	172.131/F.3	1-10, 11a, 12-16
Jeschana	*Burğ el-Isāne*	174.156	11a, 13
Jeschimon	nicht lokalisiert		
Jeschua	nicht lokalisiert		
Jesreel I	*Zerʿīn*	181.218/F.3	4-6, 8, 12
Jesreel II	nicht lokalisiert		
Jesreelebene		160-190.210-235	1, 12
Jibleam	*Ḫirbet Belʿame*	177.205	2, 4-6
Jidala	nicht lokalisiert		
Jiftach	nicht lokalisiert		
Jiftach-El	nicht lokalisiert		
Tal von Jiftach-El	*Wādi el-Mālik*	163.242-171.240	4
Jiron	*Yārūn*	189.276	4
Jirpeel	nicht lokalisiert		
Jitla	nicht lokalisiert		
Jitnan	nicht lokalisiert		
Jobab	nicht lokalisiert		
Jogboha	*Ruğm al-Ğubēha*	231.159	5
Jokdeam	nicht lokalisiert		
Jokmeam	s. Kibzajim		
Jokneam	*Tell Qēmūn*	160.229	2, 4 5
Jokteel I	nicht lokalisiert		
Jokteel II	s. Sela		
Joppe	*Yaffa*	126.162/E.3	12-14, 15
	s.a. Jafo		
Jorda	*Ḫirbet ʿIrq?*	108.086	13
Jordan	*Urdunn*	212.294-204.131/F.3	1-7, 11a, 12-14
Jotapata	*Ḫirbet Ğifāt*	176.248	13
Jotba	nicht lokalisiert		
Jotbata	nicht lokalisiert		
Juda		max. 120-203.065-160 E-F.3	1, 4-10, 11a

Biblischer Ortsname	heutiger Ortsname	Koordinaten	Karte
Judäa (Provinz)		140-203.105-160	12-14
Julias I	*Tell er-Rāme*	211.137	13
	s.a. Bet-Haram		
Julias II	*et-Tell*	209.257	13-14
	s.a. Betsaida		
Jutta	*Yaṭṭa*	158.095	4
Kabbon	nicht lokalisiert		
Kabul I (Ort)	*Kābūl*	170.252	4-5, 13
Kabul II (Landschaft)		155-170.240-270	5
Kabzeel	nicht lokalisiert		
Kadesch	s. Kadesch-Barnea		
Kadesch (am Orontes)	*Tell Nebī Mend*	F.3	8
Kadesch-Barnea	*ʿĒn el-Qudērāt*	096.006	1, 3-5
Kafaiora	*Ḫirbet Umm Burğ?*	147.115	13
Kafarabis	*Tarqūmīya?*	151.109	13
Kafarnaum	s. Kapernaum		
Kafarsaba	*Ḫirbet Ṣābīya*	141.177	13
Kafar Salama	*Ḫirbet ʿĪd?*	167.140	12-13
Kafartoba	*eṭ-Ṭayyibe?*	153.107	13
Kafnata	s. Jerusalem		16b
Kaftor	Kreta		11b
	s.a. Kreta		
Kain	s. Keniter		
Kajin	*Ḫirbet Yaqīn?*	165.100	4
Kalliroe	*ʿAin ez-Zāra*	203.111	13
Kalne	*Tell Taginat?*	F.2	8
Kamon	*Ḫirbet Umm el-Ġizlān*	216.222	5
Kana I	*Qānā*	178.290	2, 4
Kana II	*Ḫirbet Qānā*	178.247	13-14
Kana (Fluṣ)	*Wādi Qānā*	174.172-139.170	1, 4
Kanaan		100-240.100-350	2, 11b
Kanne	nicht lokalisiert		
Kapernaum	*Tell Ḥūm*	204.254	13-14
Kappadozien		E-F.2	15
(Karatepe)	*Karatepe*	F.2	8
Karien		D.2	10
Karka	nicht lokalisiert		
Karkemisch	*Ğerāblūs*	F.2	8-9
Karkor	nicht lokalisiert		
Karmel (Gebirge)	*Ğebel Karmel*	146.248-170.210	1, 4-7, 12-13
Karmel (Ort)	*el-Kirmil*	162.092	4-5
Karnajim	*Šēḫ Saʿad*	247.249	5-6, 12-13
Karnajim (Provinz)		205-280.215-278	6-7
Karnak	s. No-Amon		
Karta	nicht lokalisiert		
Kartan	nicht lokalisiert		
Kasifja	nicht lokalisiert		
Kasluhiter	nicht lokalisiert		
Kaspin	nicht lokalisiert		
Kattat	nicht lokalisiert		
Kauda	*Gavdos*	C.3	15
Kebar	*Šaṭṭ en-Nīl*		9
Kedar		F.4	8-10
Kedemot	*es-Sālīya*	237.095	4-5
Kedesch I	*Tell Qedes*	199.279	4-5, 12-13
Kedesch II	s. Kadesch-Barnea		
Kefar-Ammoni	nicht lokalisiert		
Kefira	*Ḫirbet Kefīre*	160.137	4-5, 11a
Kefirim	nicht lokalisiert		
Kegila	s. Keila		
Kehelata	nicht lokalisiert		
Keila	*Tell Qīla*	150.113	2, 4-5, 11a
Kelach	*Kalḫū*	G.2	8-9, 11b
Kenasiter			4-5
Kenat	*Qanawāt?*	302.241	2, 5, 13
Kenchreä	*Kechriaes*	C.2	15
Keniter		150-185.060-080	4-5
Keramim	s. Abel-Keramim		
Kerem	s. Bet-Kerem		
Kerijot	*Ḫirbet Qurēyāt ʿAlēyān*	233.104	6-7
Kerijot-Hezron	*Ḫirbet el-Qaryatēn*	161.083	4
Kerit (Bach)	s. Krit		
Kerub-Addon	nicht lokalisiert		
Kesalon	*Keslā*	154.132	4
Kesib	s. Achsib I		

Biblischer Ortsname	heutiger Ortsname	Koordinaten	Karte
Kesil	nicht lokalisiert		
Kesullot	nicht lokalisiert		
Kibrot-Taawa	nicht lokalisiert		
Kibzajim	*Tell el-Mazār*	196.171	4
Kidron (Ort)	*Qaṭra*	129.136	12
Kidron (Bach)	s. Jerusalem		16a, 16b
Kilmad	s. Medien		
Kina	*Ḫirbet Ġazze*	165.068	4
Kinneret	*Tell el-ʿOrēme*	200.252	2, 4-6
See Kinneret	*Baḥret Ṭabarīye* s.a. See Gennesaret	199-213.235-255	4-5
Kir I	nicht lokalisiert		
Kir II	*el-Kerak*	217.066	6
Kir-Heres	s. Kir II		
Kir-Moab	s. Kir II		
Kirjatajim I	*Ḫirbet el-Qurēyāt*	215.124	4-7
Kirjatajim II	s. Kartan		
Kirjat-Arba	s. Hebron		
Kirjat-Baal	nicht lokalisiert		
Kirjat-Huzot	nicht lokalisiert		
Kirjat-Jearim	*Dēr el-Azhar*	159.135	4-5, 7, 11a
Kirjaton	s. Kirjatajim I		
Kirjat-Sanna	s. Debir		
Kirjat-Sefer	s. Debir		
Kischjon	nicht lokalisiert		
Kischon	*Nahr el-Muqaṭṭaʿ*	168.227-153.247	1, 5-6
Kislot-Tabor	*Iksāl?*	180.232	4, 13
Kition	*Larnaka*	E.3	8-10, 11b
Kitlisch	nicht lokalisiert		
Kitron	nicht lokalisiert		
Kittäer	s. Kition		
Knidos	*Knidos*	D.2	10, 15
Koa	nicht lokalisiert		
Koe	s. Que		
Kola	nicht lokalisiert		
Kolossä	*Honaz*	D.2	15
Kommagene		F.2	15
Kona	nicht lokalisiert		
Königsweg		145-275.985-325	1
Koraia	*Tell el-Mazār*	195.171	13
Korinth	*Korinthos*	C.2	15
Kos	*Kos*	D.2	10, 15
Koseba	nicht lokalisiert		
Kreta	Kreta s.a. Kaftor	C-D.2-3	10, 15
Krit(h) (Bach)	nicht lokalisiert		
Kub	nicht lokalisiert		
Kulon	nicht lokalisiert		
Kumidi	*Kāmid el-Lōz*	227.337	2
Kun	*Rās Baʿalbek?*	280.413/F.3	10
Kur	*Kūr*	159.182	6
Kusch		C.6	10, 11b
Kuschan	nicht lokalisiert		
Kuta	*Tell Ibrahīm?*	G.3	8
Kyamon	*Tell Qēmūn?* s.a. Jokneam	160.229	13
Kydissos	s. Kedesch III		
Kypros	*ʿAqabat Ğabr*	190.139	13
Laban	nicht lokalisiert		
Lachisch	*Tell ed-Duwēr*	135.108/E.3	1-2, 4-9, 11a
Lachmas	*Ḫirbet el-Laḥm?*	140.108	4
Lajescha	nicht lokalisiert		
Lajisch	*Tell el-Qāḍī* s.a. Dan	211.294	2, 4
Lakkum	*Ḫirbet Manṣūra*	202.233	4
Laodizea	*Eski-Nissar*	D.2	15
Larsa	*Senkere*	H.3	10
Lasäa	*Kali Limines*	C.3	15
Lazedämonien	s. Sparta		
Lebo-Hamat	*el-Lebwe*	277.397/F.3	8, 9
Lebona	*Ḫirbet Ṣūr*	173.164	5
Lehabiter	nicht lokalisiert		
Lehi	nicht lokalisiert		
Lesbos	*Lesbos*	D.2	15

Biblischer Ortsname	heutiger Ortsname	Koordinaten	Karte
Lescha	nicht lokalisiert		
Leschem	s. Dan		
Letuschiter	nicht lokalisiert		
Leummiter	nicht lokalisiert		
Libanon (Gebirge)		195-220.310-325	4-6
Libba	*Ḫirbet Libb*	222.112	13
Libna I	s. Laban		
Libna II	*Tell Ğudēde*	141.115	4-7
Libyen		C.3	9-10, 15
Litani	Nahr el-Līṭānī	173-230.300-350	1-2, 4-9, 12-15
Lobetal	*Ḫirbet Burēkūt?*	163.116	11a
Lod	*el-Ludd*	140.151	2, 11a
Lo-Dabar	nicht lokalisiert		
Lud I	nicht lokalisiert		
Lud II	nicht lokalisiert		
Luhit	*Kaṯrabbā*	209.060	6-7
Lus	*Bētīn* s. Bet-El	172.148	2, 4-5
Lydda	*el-Ludd* s.a. Lod	140.151/E.3	12-14, 15
Lydien		D-E.1-2	9-10
Lykaonien		E.2	15
Lystra	*Zoldera*	E.2	15
Lyzien		D-E.2	10, 15
Maacha		195-230.260-300	4-5, 7
Maarat	nicht lokalisiert		
Machärus	*Ḫirbet el-Mukāwir*	210.108	13
Machir		205-250.170-190	5
Machpela	s. Hebron		
Machtesch (»Mörser«)	s. Jerusalem		16a
Madai	s. Medien		
Madmanna	*Ḫirbet Tātrīṭ*	143.084	4
Madmen	s. Dimon		
Madmena	nicht lokalisiert		
Madon	nicht lokalisiert		
Magadan	s. Magdala		
Magdala	*Ḫirbet el-Meğdel*	199.247	14
Magog		F.1	9, 11b
Mahaleb	*Maḥālib*	174.303	4-7
Mahanajim	*Tulūl eḏ-Ḏahab*	215.177	4-5
Makaz	nicht lokalisiert		
Maked	nicht lokalisiert		
Makhelot	nicht lokalisiert		
Makkeda	*Ḫirbet el-Kōm*	146.104	4-5
Malatha	*Tell el-Milḥ* s.a. Molada	152.069	13
Mallus	*Karatāṣ*		10
Malta	*Malta*	A.2	15
Mamre I	s. Hebron		
Mamre II	*Rāmat el-Ḫalīl*	160.107	13
Manahat	nicht lokalisiert		
Manasse		129-270.145-255	4
Manocho	*el-Māliḥa?*	167.128	4
Maon	*Tell Maʿīn*	163.090	4-6
Maqraput	*Ğeraš?* s.a. Gerasa	234.187	2
Mara	*ʿĒn Ḥawwāra?*	949.864	3
Marala	*Tell el-Bēḍā?*	169.231	4
Marescha	*Tell Sandaḥanne*	140.111	4, 6-7, 11a, 12-13
Mari	*Tell Harīrī*	G.3	8
Marot	nicht lokalisiert		
Masada	*es-Sabba*	183.080	13
Masch	nicht lokalisiert		
Masreka	nicht lokalisiert		
Massa I		F.4	8
Massa II	nicht lokalisiert		
Mattana	*Ḫirbet el-Mudēyine*	236.110	3
Mazedonien		C.1	15
Mea	s. Jerusalem		16a
Meara	nicht lokalisiert		
Mechona	nicht lokalisiert		
Medeba	*Mādeba*	225.124	4-6, 12-13
Medien		H-I.2-3	8-10, 11b

Biblischer Ortsname	heutiger Ortsname	Koordinaten	Karte
Mefaat	*Umm er-Raṣāṣ*	237.101	4
Megiddo	*Tell el-Mutesellim*	167.221/F.3	1-2, 4-10
Mehola	s. Abel-Mehola		
Me-Jarkon	*Tell Qasīle?*	131.168	4
Memfis	*Mītrahīne*	785.932/E.3	3, 8-10
Me-Neftoach	*ʿĒn Liftā*	168.133	4
Meratajim		H.3	10
Meriba	nicht lokalisiert		
Meribat-Kadesch	nicht lokalisiert		
Merom	nicht lokalisiert		
Meronot	nicht lokalisiert		
Meros	nicht lokalisiert		
Meroth	*Mērōn*	191.265	13
Me-Sahab	nicht lokalisiert		
Mesalot	nicht lokalisiert		
Mescha	nicht lokalisiert		
Meschech		D-E.2	9-10, 11b
Mesopotamien		F-G.2-3	8-10
Meuniter	nicht lokalisiert		
Mibzar	nicht lokalisiert		
Michmas	*Muḫmās*	176.142	5-6, 11a, 12-13
Michmetat	*Ğebel el-Kebīr?*	184.182	4
Middin	nicht lokalisiert		
Midian		F.4	3, 8-10
Migdal	*Tell eḏ-Ḏurūr?*	147.203	2
Migdal-Eder	nicht lokalisiert		
Migdal-El	*Ḫirbet el-Meğdel*	198.247	4
Migdal-Gad	*Ḫirbet el-Meğdele*	140.105	4
Migdol	*Tell el-Ḥēr*	913.047/E.3	3, 9
Migron	*Tell el-ʿAskar*		5-6
Milet	*Balat*	D.2	15
Millo	s. Jerusalem		16a
Minni		H.2	9
Minnit	*Umm el-Ḥanāfīš*	232.136	5, 7
Misar	s. Hermon		
Mischal	*Tell Bīr el-Ġarbī?*	166.256	2, 4
Misrefot-Majim	nicht lokalisiert		
Mitanni		F-G.2	8
Mitka	nicht lokalisiert		
Mitniter	nicht lokalisiert		
Mittelmeer		A-F.1-3	1-15
Mitylene	*Mitilini*	D.2	15
Mizpa I	*Tell en-Naṣbe*	170.143	4-7, 11a, 12
Mizpa II	nicht lokalisiert		
Mizpa III	nicht lokalisiert		
Mizpe-Gilead	*er-Rāšūnī*	222.171	4-5
Mizpe-Moab	nicht lokalisiert		
Mizrajim	s. Ägypten		
Moab		max. 190-250.030-140/F.3	1, 3-9,11a
Moab (Staat)		190-250.030-140	6
Mochmur	nicht lokalisiert		
Modein	*Rās Mīdye*	150.148	12-13
Mof	s. Memfis		
Molada	*Tell el-Milḥ?*	152.069	4-5, 11a
Mons Cassius	*Rās el-Ḳasrūn* s.a. Baal-Zefon	966.071	3
More I	nicht lokalisiert		
More II	*Ğebel ed-Daḥi?*	183.225	5
Moreschet-Gat	*Tell Birnāṭ?*	138.115	6-7
Morija	nicht lokalisiert		
Moser	s. Moserot		
Moserot	nicht lokalisiert		
Moza	*Ḫirbet Bēt Mizza*	165.135	4-5, 11a
Muchazi	*Tell es-Sulṭān*	125.147	2
Myndos	*Gümuşlük*	D.2	10
Myra	*Kale*	E.2	15
Mysien		E.2	15
Naama	nicht lokalisiert		
Naara	——?	189.147	4, 13
Nabatäa		200-280.050-330	12-14
Nadabat	nicht lokalisiert		
Naftali		173-211.234-296	4
Naftuhiter	nicht lokalisiert		
Nahalal	*Maʿlūl?*	172.234	4-5
Nahale-Gaasch	nicht lokalisiert		
Nahal-Eschkol	nicht lokalisiert		
Nahaliel	nicht lokalisiert		
Nahalol	s. Nahalal		
Nahor	nicht lokalisiert		
Nain	*Nēn*	183.226	14
Nazaret	*en-Nāṣira*	178.234	14
Naziba?	*Naṣīb*	261.216	2
Nea	*Tell el-Buṭme?*	178.247	4
Neapolis I	*Nāblus*	175.181	13
Neapolis II	*Eski Kavala*	C.1	15
Neballat	*Bēt Nebālā*	146.154	11a
Nebo (Berg)	*Rās Siyāġa*	218.131	1, 3-5
Nebo (Ort)	*Ḫirbet el-Muḫayyaṭ*	220.128	5-7
Nebo II (Ort)	nicht lokalisiert		
Neftai	nicht lokalisiert		
Neftar	nicht lokalisiert		
Neftoach	s. Me-Neftoach		
Negeb		120-170.040-100	1-2, 4-7, 11a, 12
Negiel	s. Nea		
Nehelamiter	nicht lokalisiert		
Netaim	nicht lokalisiert		
Netofa	*Ḫirbet Bedd Fālūḥ*	171.119	5, 7, 11a
Nezib	*Ḫirbet Bēt Neṣīb*	151.110	4
Nibschan	nicht lokalisiert		
Nikopolis	*Michalitsion*	C.2	15
Nil	Nil	E.3-4	8-10, 15
Nimra	s. Bet-Nimra		
Nimrim	s. Wasser von Nimrim		
Ninive	*Kuyunğik*	G.2	9-10, 11b
Nippur	*Niffer*	H.3	9-10
No	s. No-Amon		
No-Amon	*Theben*	E.4	8-9
Nob	*Rās eṭ-Ṭamīm*	174.133	5-6, 11a
Nobach I	nicht lokalisiert		
Nobach II	*Tell Safūt?*	229.160	5
Nod	nicht lokalisiert		
Nof	s. Memphis		
Nofach	nicht lokalisiert		
Nurpi	*er-Rāfe* s.a. Rafon	259.250	2
Obal	nicht lokalisiert		
Obot	*ʿAin Ḥuṣb*	173.023	3, 5
Ofel	s. Jerusalem		16a
Ofir	nicht lokalisiert		
Ofni	nicht lokalisiert		
Ofra I	*eṭ-Ṭayyibe*	178.151	4-5
Ofra II	*Tell Ṣōfar*	173.181	5
Okina	s. Akko		
Ölberg	s. Jerusalem		16a, 16b
On	s. Bet-Schemesch IV		
Ono	*Kafr ʿĀna*	137.159	2, 11a
Orontes	*Nahr el-ʿĀṣi*	F.2-3	8-10
Ortosia	*Artūsiya*	F.3	10
Pagu	nicht lokalisiert		
Pamphylien		E.2	
Paneas		200-230.290 310	14
Paphos	*Paphos*	E.3	15
Para	*Ḫirbet ʿĒn Fāra*	179.137	4
Paran I		980-050.760-840	3, 5-6
Paran II		060-160.840-920	3
Parpar	*Nahr el-ʿAwağ*	226-285.297-309	6
Parthien		J-K.2-3	10
Parwajim	nicht lokalisiert		
Pas-Dammim	nicht lokalisiert		
Patara	*Gelemiş*	D.2	15
Patmos	*Patmos*	D.2	15
Patros		E.4	9, 11b
Pegai	*Rās el-ʿĒn* s.a. Afek I	143.168	12
Pegor	*Ḫirbet Fāġūr*	163.119	4-5
Pekod		H.3	9
Pella	*Ṭabaqāt Faḥil*	207.206	2, 13-14

Biblischer Ortsname	heutiger Ortsname	Koordinaten	Karte
Peor	s. Bet-Pegor s. Pegor		
Peräa		199-228.096-201	13-14
Perazim	s. Baal-Perazim		
Perez-Usa	nicht lokalisiert		
Pergamon	*Bergama*	D.2	15
Perge	*Perge*	E.2	15
Persepolis	*Taḫt i-Yamšid*	J.4	10
Persien		J-K.3-4	10
Petor	*Tell Aḥmar?*	F.2	8
Petra	*Wādī Mūsā*	192.971	1, 3, 13
Phasaelis	*Ḫirbet Faṣā᾽il*	191.159	13
Phaselis	*Tekir Ova*	E.2	10
Phiale (See)	*Birket er-Rām*	221.292	13
Philadelphia I	*Alaşehir*	D.2	15
Philadelphia II	*ʿAmmān* s.a. Rabba(t-Bene-Ammon)	238.151	13-14
Philippi	*Filibe Djik*	C.1	15
Philistäa		060.050-150.170	12
Philister		060.050-150.170	1, 4-7
Philoteria	s. Sennabris		
Phönix	*Porto Loutro*	C.2	15
Phönizien		165-205.282-332/F.3	5, 6, 8-9, 15
Phrygien		E.2	10, 15
Pi-Beset	*Tell Basṭa*	820.996/E.3	3, 10
Pi-Hahirot	*Tell Maḥmadīye*	928.055	3
(*Piḫilum*)	s. Pella		10, 15
Piraton	*Ferʿata*	165.177	5, 9, 12
Pischon	s. Nil		
Pisga	s. Nebo		
Pisidien		E.2	15
Pitom	*Tell er-Raṭābe* s.a. Sukkot II	864.995	3
Pnuel	*Tell el-Ḥamme Ost*	211.178	5-6
Pontus		D-E.1	15
Ptolemais	*Tell el-Fuḫḫār* s.a. Akko	158.258/F.3	12-15
Punon	*Fēnān*	197.004	3, 5
Put		C.3-4	10, 11b
Puteoli	*Pozzuoli*	A.1	15
Qanu	s. Kenat		
Qarqar	*Ḫirbet Qerqūr*	F.2	8
Qatna	*el-Mišrefe*	F.3	8
Qiltu	s. Keila		
Que		F.2	8
Rabba	*Ḫirbet Bīr el-Hilū?*	149.137	2, 4
Rabba(t-Bene-Ammon)	*ʿAmmān*	238.151/F.3	1, 4-10, 11a, 12
Rabbit	nicht lokalisiert		
Rafia	*Rafāḥ*	078.079	2, 7, 13
Rafon	*Šēḫ Meskīn?* bei *er-Rāfe* s.a. Nurpi	258.248 259.250	12-14
Ragaba	*Tell er-Murabba*	216.183	13
Ragau	s. Rages		
Rages	*Rai*	J.2	10
Ragma	nicht lokalisiert		
Rakkat	*Ḫirbet el-Qunēṭire*	199.245	4
Rakkon	s. Me-Jarkon		
Rama I	*Ḫirbet Raddāna*	169.146	4-7, 11a
(Höhe v.) Rama I	*Rās eṭ-Ṭāḥūne*	170.146	5
Rama II	*Ḫirbet Zētūn er-Rāme*	187.259	4
Rama III	*Ramīye?*	179.279	4
Rama IV	*Ḫirbet Umm Redīm?*	165.066	4-5
Rama V	*er-Rām*	172.140	4-6
Rama VI	s. Ramot		
Ramatajim I	s. Rama I		
Ramatajim II	*Rentis?*	152.159	13
Ramatajim-Zofim	*Ḫirbet Raddāna* s. Rama I	169.146	12
Ramat-Lehi	s. Lehi		
Ramat-Mizpe	s. Mizpe-Gilead		
Ramat-Negeb	s. Rama IV		
Ramot I	s. Ramot-Gilead		
Ramot II	s. Jarmut II		

Biblischer Ortsname	heutiger Ortsname	Koordinaten	Karte
Ramot-Gilead	*Tell er-Ramṯe*	245.218	4-6
Ramses	*Tell ed-Dab᾽a*	860.035	3
Refaim (Ebene)		167.128-169.129	4-6
Refidim	nicht lokalisiert		
Rehob I		205-220.310-325	5
Rehob II	*Qalāʿ er-Raḥīb?*	180.275	2, 4-5
Rehob III	*Tell eṣ-Ṣārim?*	197.207	2
Rehobot	*Ḫirbet Abū Ǧuḫēdim?*	124.076	5
Rehobot-Ir	s. Ninive		
Rehobot-Nahar	*Rās er-Riḥāb*	208.038	5
Rekem	nicht lokalisiert		
Remet	s. Jarmut		
Resen	nicht lokalisiert		
Rezef	*Reṣāfe*	F.2	8
Rhegion	*Reggio di Calabria*	B.2	15
Rhodos	*Rhodos*	D.2	10, 15, 11b
Ribla	*Rible*	F.3	9
Rifat	nicht lokalisiert		
Rimmon I	s. En-Rimmon		
Rimmon II	*Ḫirbet er-Rūme* bei *Rummāne*	177.243	4
Rimmon III	*er-Rammūn*	178.148	5
Rimmon-Perez	nicht lokalisiert		
Rinokorura	*el-ʿArīš*	035.060	13
Rissa	nicht lokalisiert		
Ritma	nicht lokalisiert		
Rodaniter	s. Rhodos		
Rogel-Quelle	*Bīr ʿEyyūb*	172.130	4-5
Roglim	*Ẓahrat Ṣōqaʿa?*	223.215	5
Rom	*Roma*	A.1	10, 15
Roma	*Ḫirbet er-Rūme*	177.243	13
Rosch	nicht lokalisiert		
Roṣtor	s. Jerusalem		16a
Rotes Meer	Golf von Suez und von Akaba	E-F.4	3, 10
Ruben		203-250.077-144	4
Rubute	s. Rabba		2
Ruma	s. Aruma		
Saab	*Šaʿāb*	173.255	13
Saba		(H.6)	10, 11b
Sabadäer		F.3	9
Sabta			11b
Sabtecha	nicht lokalisiert		
Safed	*Ṣafed*	196.263	12-13
Saffo	*Ṣaffa?*	155.146	13
Salamis	*Salamis*	E.2	15
Salcha	*Ṣalḫad?*	311.212	4-5
Salem	s. Jerusalem		
Salim	*Tell Šēḫ Salīm*	199.199	14
Sallis	*Ḫirbet Šalḫa?*	132.113	13
Salmone	*Kap Sidero*	D.2	15
Salzmeer	*Baḥr Lūṭ*	184-205.132-053/F.3	1, 4-7, 11a, 12-14
Salzstadt	s. Ir-Melach		
Salztal		145-200.885-050	1, 5-6
Samaria (Stadt)	*Sebasṭiye*	168.187/F.3	6-9, 12-14
Samaria (Provinz)		128-205.143-205	6, 7, 11a
Samarien (Landschaft)		135-200.143-210	1, 12-14
Samos	*Samos*	D.2	10, 15
Samothrake	*Samothraki*	D.1	15
Sampsame	nicht lokalisiert		
Sanoach I	*Ḫirbet Zānūʿ*	150.125	4, 11a
Sanoach II	nicht lokalisiert		
Sansanna	*Ḫirbet eš-Šamsāniyāt*	140.083	4
Sardes	*Sart*	D.2	15
Sarepta	*Ṣarafand*	178.319/F.3	6-7, 15
Sarid	*Tell Šadūd*	172.229	4
Schaalbim	*Selbīṭ*	148.141	4-5
Schaalim	nicht lokalisiert		
Schaarajim	nicht lokalisiert		
Schadud	s. Sarid		
Schafir	nicht lokalisiert		
Schahazajim	nicht lokalisiert		
Schalischa		150-160.140-170	5
Schallechet	nicht lokalisiert		

Biblischer Ortsname	heutiger Ortsname	Koordinaten	Karte
Schamir I	nicht lokalisiert		
Schamir II	nicht lokalisiert		
Scharon		130-153.168-240/E-F.3	1-2, 6, 15
Scharuhen	*Tell el-ᶜAǧǧūl*	093.097	2, 4
Schasu		240-280.050-350	2
Schawe	nicht lokalisiert		
Schebarim	nicht lokalisiert		
Schefam	nicht lokalisiert		
Schefela		120-150.100-160	1, 4-7, 11a
Schefer	nicht lokalisiert		
Schelef	nicht lokalisiert		
Schema	nicht lokalisiert		
Schemida		150-170.180-195	4-6
Schemesch-Adam	*Ḫirbet Madyan* s.a. Adama	193.245	2
Scheschach	s. Babel		
Schihor		800-920.970-050/E.3	8
Schihor-Libnat		159.247-161.243	4
Schikkaron	*Tell el-Fūl?*	132.136	4
Schilfmeer I	Golf von Aqaba und Suez		3
Schilfmeer II	Bitterseen	895-920.950-980	3
Schilfmeer III	Sirbonischer See	925-020.045-065	3
Schilhim	s. Scharuhen		
Schilo	*Ḫirbet Sēlūn*	177.162	4-5, 7
Schiloach	s. Jerusalem		16a, 16b
Schimron	*Ḫirbet Sammūniye*	170.234	2, 4-5
Schimron-Meron	s. Schimron		
Schinar	s. Babel		11b
Schion	*Sīrīn*	197.228	4
Schiron	s. Schion		
Schittim	s. Abel-Schittim		
Schoa	s. Sutäer		
Schoresch	nicht lokalisiert		
Schual	nicht lokalisiert		
Schunem	*Sōlem*	181.223	2, 4-6
Schur		940-020.940-000/E.3	8
Schutu	s. Sutäer		
Seba		C.6	10, 11b
Sebulon		162-190.228-247	4
Sechacha	nicht lokalisiert		
Sechu	nicht lokalisiert		
Seevölker		130-160.170-145	5
Sefar	nicht lokalisiert		
Sefarad	*Sart* s.a. Sardes	(D.2)	9
Sefarwajim	nicht lokalisiert		
Sefer	*Saffārīn*	160.185	6
Seir		180-240.970-045	1-2, 5-7
Seir	nicht lokalisiert		
Seira	nicht lokalisiert		
Sela	*es-Silᶜ*	205.021	6
Sela-Machlekot	nicht lokalisiert		
Selame	*Ḫirbet es-Sallāma*	185.254	13
Seleuzia I		G.3	10
Seleuzia II	*el-Qābūsīye*	E.2	15
Seleuzia III	*es-Suwēdīye*	F.2	15
Seleuzia IV	*Selūqiye?*	222.267	13
Senir	s. Hermon		
Sennabris	*Ḫirbet Kerak*	204.235	13
Senne	im *Wādī eṣ-Ṣuwēnīṭ*	175.141	5
Sepph	s. Safed		
Sepphoris	*Saffūriye*	176.239	13
(Serābīṭ el-Ḫādim)	*Serābīṭ el-Ḫādim*	999.829	3
Sered	*Wādī el-Ḥesā*	240.030-200.047	1, 3
Sibma	nicht lokalisiert		
Sibrajim	nicht lokalisiert		
Sichem	*Tell Balāṭa*	176.179	1-2, 4-7, 12-13
Siddim (Tal)		180-200.050	5
Side		E.2	10
Sidon	*Ṣēdā*	184.329/F.3	1-2, 4-10, 11b, 12, 14-15
Sif I	nicht lokalisiert		
Sif II	*Tell Zīf*	162.098	4-5, 7

Biblischer Ortsname	heutiger Ortsname	Koordinaten	Karte
Sif (Wüste)		150-180.080-100	5
Sifmot	nicht lokalisiert		
Sifron	nicht lokalisiert		
Sikyon		C.2	10
Silla	nicht lokalisiert		
Silo	s. Schilo		
Simeon		060-190.000-100	4
Simonias	*Ḫirbet Sammūniye*	170.234	13
Sin I	*Tell er-Faramā*	915.054/E.3	3, 10
Sin II (Wüste)		920-960.000-040	3
Sin III (Siniter)	nicht lokalisiert		
Sinai	nicht lokalisiert		
Sinim	s. Syene		
Siniter	nicht lokalisiert		
Sion	s. Hermon		
Sippar	*Abū Ḥabba*	G.3	10
Sirjon	s. Hermon		
Sitna	nicht lokalisiert		
Skopos	*Rās el-Mušārif*	173.133	13
Skorpionensteig	*Naqb eṣ-Ṣafā*	161.035	3-5
Skythen		F-H.1	10
Skythopolis	*Tell el-Ḥuṣn* s. a. Bet-Schean	197.212/F.3	12-15
Smyrna	*Izmir*	D.2	15
Socho I	*Ḫirbet ᶜAbbād*	147.121	4-5, 7
Socho II	*Ḫirbet eš-Šuwēke*	150.090	2, 4
Socho III	*Šuwēket er-Rās*	153.194	2, 5
Sodom	nicht lokalisiert		
Sogane I	*Saḫnīn*	177.252	13
Sogane II	*el-Yehūdīye?*	216.260	13
Sohelet	nicht lokalisiert		
Sonnenquelle	s. En-Schemesch		
Sorek		123-172.128-150	1, 5
Sores	nicht lokalisiert		
Spanien	*Spanien*		10
Sparta	*Sparti*	C.2	10, 15
Stratonos Pyrgos	*Qaiṣarīye*	140.212	12
Sud	nicht lokalisiert		
Südland	s. Negeb		
Suf	nicht lokalisiert		
Sufa	nicht lokalisiert		
Sukkot I	*Tell Dēr ᶜAllā*	208.178	4-5
Sukkot II	*Tell el-Masḫuṭa* s.a. Pitom	876.994	3
Sumur	*Tell Kazel*	F.3	8
Sur I	s. Rosstor/Jerusalem		16a
Sur II	nicht lokalisiert		
Susa	*Šūš*	H.3	10
Sutäer		F.3	2, 9
Sychar	*ᶜAskar*	177.181	14
Syene	*Assuan*	E.5	10
Sykaminos	*Tell es-Samak*	146.247	13
Syrakus	*Siracusa*	B.2	15
Syrien		F.3	10, 15
Syrophönizien		F.3	15
Syrte, große	*Ḫaliǧ as-Surt*	B.3	15
Taanach	*Taᶜanek*	171.214	2, 4-5
Taanat Schilo	*Ḫirbet Ṭānā eṭ-Ṭaḥtā*	187.173	4
Tabbat	*Tell Abū Ḥabīl?*	204.197	5
Tabera	nicht lokalisiert		
Tabor I	*Ǧebel eṭ-Ṭōr*	187.232	1, 4-7, 13
Tabor II (Eiche)	nicht lokalisiert		
Tachpanhes	*Tell el-Defenna*	884.042/E.3	3, 9
Tachtim-Hodschi	nicht lokalisiert		
Tadmor	*Palmyra*	F.3	10
Tahat	nicht lokalisiert		
Tamar	*Ain ᶜArūs?*	183.043	5, 7
Tanis	s. Zoan		
Tappuach I	*Tell Šēḫ Abū Zarad*	172.167	4-5
Tappuach II	nicht lokalisiert		
Tarach	nicht lokalisiert		
Tarala	nicht lokalisiert		
Tarichäa	*Meǧdel*	198.247	13
Tarschisch	*Tartessos*		11b
Tarsus	*Tarsus*	F.2	10, 15

Biblischer Ortsname	heutiger Ortsname	Koordinaten	Karte
Tatam	nicht lokalisiert		
Tebach	*Tell Dēr Zinū*		8
Tebez	*Ṭūbās*	185.192	5
Tefon	nicht lokalisiert		
Tekoa	*Ḫirbet Teqūʿ*	170.115	4-7, 11a, 12-13
Tel-Abib	nicht lokalisiert		
Telaim	nicht lokalisiert		
Telam	nicht lokalisiert		
Telassar	nicht lokalisiert		
Telem	nicht lokalisiert		
Tel-Harscha	nicht lokalisiert		
Tel-Melach	nicht lokalisiert		
Tema	*Taymāʾ*	F.4	8-10
Teman		170-200.930-970	1, 5-7
Theben	s. No-Amon		
Thella	*Yᵉsod ha-Maʿala?*	207.273	13
Thessalonich	*Saloniki*	C.1	15
Thrazien		C-D.1	10
Thyatira	*Akhisar*	D.2	15
Tiberias	*eṭ-Ṭabarīye*	201.242	13-14
Tibhat	nicht lokalisiert		
Tifsach I	*Dibse*	F.2	8
Tifsach II	nicht lokalisiert		
Tigris		G-H.2-3	8-10
Timna I	*Tell el-Baṭāšī*	141.132	4-5, 7
Timna II	*Ḫirbet et-Tabbāna*	154.122	4-5
Timna III	s. Timnat-Serach		
Timnat-Heres	s. Timnat-Serach		
Timnat-Serach	*Ḫirbet et-Tell*	164.169	4-5, 13
Tiras	nicht lokalisiert		
Tirathana	*eṭ-Ṭīre?*	174.174	13
Tirza	*Tell el-Fārʿa*	182.188	4-6
Tisbe	nicht lokalisiert		
Tischbe	*Ḫirbet el-Hēdamūs?*	220.196	6
Tob	*eṭ-Ṭayyibe*	266.218	2, 5, 12
Tochen	nicht lokalisiert		
Tofel	nicht lokalisiert		
Tofet	s. Jerusalem		16a
Togarma		F-G.2	9, 11b
Tolad	s. Eltolad		
Totes Meer	s. Salzmeer		
Trachonitis		250-310.260-290	13-14
Tres-Tabernae	*Casale Torre Ubaldo*	A.1	15
Tripolis	*Ṭarāblus eš-Šām*	226.430/F.3	10
Troas	*Dalyan*	D.2	15
Tubal		E-F.2	10, 11b
Tubi(aner)	s. Tob		
Tyrische Leiter	*Rās en-Nāqūra*	160.277	12-13
Tyrus I	*eṣ-Ṣūr*	168.297/F.3	1-2, 4-10, 12-15
Tyrus II	*ʿIrāq el-Emīr*	221.147	13
Ufas	nicht lokalisiert		
Ugarit	*Rās eš-Šamra*	F.2	8
Ulai	Kanal bei Susa, s. Susa		
Umma	s. Akko		
Upe		250-310.290-350	2
Ur	*Tell el-Muqēyir*	H.3	8, 10

Biblischer Ortsname	heutiger Ortsname	Koordinaten	Karte
Urartu	s. Ararat		
Uruk	*Warka*	H.3	8, 10
Usal	nicht lokalisiert		
Uschu	s. Hosa		
Usen-Scheera	nicht lokalisiert		
Uz I		F.4	9-10
Uz II	nicht lokalisiert		
via maris		850-230.025-330	1, 3
Waheb	nicht lokalisiert		
Wasser von Nimrim	*Wādī en-Numēra*	198.063-205.055	1, 6-7
Wedan	nicht lokalisiert		
Weihrauchstraße		150-220.680-910	1, 3
Yurza	*Tell Ǧemme*	097.088	2
Zaanan	nicht lokalisiert		
Zaanannim	nicht lokalisiert		
Zafet	*Ḫirbet es-Sitt Lēla*	150.215	2
Zafon	*Tell es-Saʿīdīye*	204.186	4-5, 13
Zahar	*eṣ-Ṣaḥra*	F.3	9
Zair	nicht lokalisiert		
Zalmon	*Ǧebel el-Kebīr?*	184.182	5
Zalmona	*Ruǧm Tilʿat ez-Zalmā*	202.982	3
Zarar	*Ḫirbet el-Huḍēra*	152.217	2
Zaretan	nicht lokalisiert		
Zarpat	s. Sarepta		
Zeboim (Ort)	nicht lokalisiert		
Zeboim (Tal)	nicht lokalisiert		
Zedad	*Ṣedād*	330.420/F.3	9
Zefat	s. Horma		
Zefata (Tal)	nicht lokalisiert		
Zela	*Ḫirbet Ṣelāḥ?*	164.132	4-5
Zelzach	nicht lokalisiert		
Zemarajim (Ort)	nicht lokalisiert		
Zemarajim (Berg)	nicht lokalisiert		
Zemar	*Sumra*		11b
Zenan	nicht lokalisiert		
Zer	s. Tyrus		
Zereda I	*Ḫirbet Banāt Barr?*	155.163	5
Zereda II	s. Zaretan		
Zeret-Schahar	nicht lokalisiert		
Zia	*Ḫirbet Zēy*	218.167	13
Ziddim	s. Sidon		
Ziklag	*Tell eš-Šerīʿa?*	119.088	4-5, 11a
Zilizien		E-F.2	10, 15
Zin	nicht lokalisiert		
Zin (Wūste)		110.000-150.030	3-5
Zion	s. Jerusalem		16a, 16b
Zior	nicht lokalisiert		
Ziribaschan	*Izraʿ*	266.253	2
Ziz	s. Blūtensteige		
Zoan	*Ṣān el-Ḥagar*	850.050/E.3	3, 8-9
Zoar	*Ḫirbet eš-Šēḫ ʿIsā*	195.047	5-7, 13
Zoba		F.3	8
Zölesyrien		F.3	10
Zora	*Ṣarʿa*	148.131	4-7, 11a
Zuf		165-175.145	5
Zypern	Zypern s.a. Elischa	E.2-3	10, 15
Zyrene	*Barka*	C.3	10, 15